무쇠를 가진 자,
권력을 잡다

본 책에 수록된 일부 도판은 국립박물관의 허가를 받아 사용하였습니다.

12, 18, 74, 109, 141, 143, 159, 169, 195, 197, 201, 202쪽
(중박200911-548)

86, 92, 99, 123쪽
(경박200911-168)

88, 118쪽
(경박200911-172)

일부 도판 저작권자와 연락이 닿지 못한 경우가 있습니다.
별도로 감사의 말씀을 전할 기회를 갖고자 합니다.

무쇠를 가진 자, 권력을 잡다

초판 발행 | 2009년 12월 15일
2쇄 발행 | 2010년 1월 25일

지은이 | 이영희
펴낸이 | 조미현

출력 | 문형사
인쇄 | 천일문화사
제책 | 경문제책사
본문 디자인 | MDA
표지 디자인 | JUN

펴낸곳 | (주)현암사
등록일 | 1951년 12월 24일 · 10 126
주소 | 서울 마포구 서교동 442-46
전화번호 | 365-5051 · 팩스 | 313-2729
전자우편 | editor@hyeonamsa.com
홈페이지 | www.hyeonamsa.com

ⓒ 이영희 2009

•저작권자와 협의하여 인지를 생략합니다.
•잘못된 책은 바꾸어 드립니다.

ISBN 978-89-323-1537-9 03900

이 도서의 국립중앙도서관 출판시도서목록(CIP)은
e-CIP 홈페이지(http://www.nl.go.kr/ecip)에서 이용하실 수 있습니다.
(CIP제어번호 : CIP2009003855)

무쇠를
가진
자,
권력을
잡다

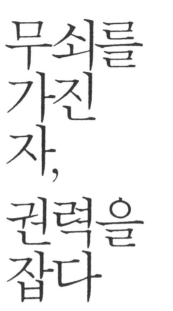
무쇠로 읽는 우리 역사 이야기

─ 이영희 지음 ─

ᛨ현암사

역사 자락에서 무쇠가 보인다

지난 2007년 2월, 교육과학기술부는 우리나라 청동기시대靑銅器時代의 시작 시기를 1,000년 앞당긴다고 발표했다. 또한 이 같은 사실을 2007년도 고등학교 국사 교과서에 밝혔다고도 했다. 그간 우리나라의 청동기시대는 기원전 1,000년께에 시작된 것으로 알려져 있었는데, 기원전 2,000년께로 앞당겨진 것이다.

이 같은 시각은 철기시대鐵器時代의 시작 또한 크게 앞서게 만든다. 초기 철기시대는 후기 청동기시대와 겹쳐지기 때문이다.

그간, 우리 조상이 철기를 처음 쓰기 시작한 것은 기원전 3~4세기, 철기를 직접 만들기 시작한 것은 기원전 1세기께로 알려져 왔다. 그런데 이 시기도 기원전 10세기로 1,000년 앞당겨지게 된 것이다.

제철製鐵은 나라의 근본이 되는 일이다. 그러나 제철의 측면에서 우리나라 역사를 고조선 때부터 짚어 본 책은 지금껏 없었다. 한국과 일본, 두 나라의 고대어를 비교 연구하다 보니 두 나라 역사의 참모습이 보이기 시작했고, 그 자락에서 무쇠가 드러나 보였다. 말과 함께 떠오른 이 무쇠의 역사를 한 줄에 꿰어 보는 것이 오랜 소망이었다. 한국인이 무쇠를 만들기 시작한 것은 언제부터의 일인지, 당시의 최첨단 기술인 제철을 일본에는 언제, 왜 전했는지 두루 규명해 보고 싶었던 것이다.

고대의 무쇠는 철저한 국가 기밀 사항에 속했다. 그래서 우리나라 역사책도 무쇠에 관한 일들을 직접적으로 서술하지 않았다. 단지 설화로 처리하거나, 은유적인 표현으로 기록했을 뿐이다.

　이 같은 자료 빈곤 속에서 무쇠의 역사 찾기는 매우 어려운 퍼즐을 맞추는 것과 흡사하다. 일본의 옛 자료들이 이러한 틈을 조금이라도 메워주는 것은 그나마 다행한 일이다.

　철기鐵器를 사용하면서부터 인간은 크게 변화했다. 농업의 생산성이 높아지자 소유에 대한 욕망이 불어나고, 소유욕은 권력욕과 지적知的 호기심에 불을 붙였다. 문학과 예술, 학문과 사상이 탄생하는 한편 끊임없는 땅 먹기 전쟁이 전개되고 수많은 나라와 민족의 흥망성쇠가 되풀이되기에 이르렀다. 역사를 캐면 무쇠가 드러나는 것은 이 때문이다.

　진실은 언젠가 바로잡히기 마련이다. 우리나라 철기시대에 대한 인식이 바뀌는 시기에, 이 책을 출간하게 된 것을 아주 기쁘게 생각한다.

2009년 11월
이영희

차 례

I. 무쇠에서 피어난 힘

II. 역사의 시작, 제철의 기원

III. 무쇠로 그린 역사, 그 흔적을 따라서

I
무쇠에서 피어난 힘

박혁거세의 이름을 풀어보니 …

신라 시조 박혁거세

신라 시조 박혁거세朴赫居世는 제철왕이었다. 그 이름에서 알 수 있다.

'박'은 성이다. 『삼국사기』(1145)에는 "빅혁기세는 알에서 태어났는데, 알 모양이 박을 닮았다 하여 '박'이라는 성을 붙였다"고 나온다. 그러나 사실 그의 성 '박'은 밝다는 뜻의 '밝'을 한자로 표기한 순수 우리말 성씨다.

고대 사람들은 사철砂鐵과 사금砂金을 '알'이라고 불렀다. 사철이나 사금은 주로 강모래에서 건졌는데, 작은 알갱이처럼 생겼다 하여 '알'이라 부른 것이다. 사금도 소중했지만 사철은 더욱 값진 것이었다. 불에 녹여 무쇠를 만들 수 있기 때문이다. 무쇠를 갈아 만든 철기는 만능의 이기였다. 농사, 사냥, 낚시 그리고 전쟁 모두에 철기는 없어서는 안 될 으뜸의 존재였다. 따라서 무쇠를 가진 자가 권력을 가지는 것은 당연했다.

박혁거세가 알에서 태어났다는 것은 무쇠 분야 출신임을 암시한다. 그의 이름 '혁거세'는 이 사실을 더욱 분명히 해준다. '거세'는 이름이 아니라 관직명으로 '무쇠 거르기'를 뜻한다. '거'는 거른다는 뜻의 옛말이고 '세'는 무쇠의 옛 소리다. 무쇠는 시대와 고장에 따라 사, 세, 서, 소, 수, 쉬, 수에 등 여러 가지로 불렸다.

사철은 강모래에서 건진다. 고대 제철은 강모래에서 사철을 걸러 내는 작업에서 시작했다. 우선 질 좋은 사철이 많은 강을 골라 그 언저리 땅을 두루 차지하고, 건져 낸 강모래로부터 사철을 걸러 내야 했다. 이같이 제철의 원자재를 확보하는 행위나 그 책임자를 '거세'라 불렀다. 즉 '거세'는 '무쇠 거르기' 또는 '무쇠 거르는 이'란 뜻이다.

박혁거세의 왕호王號는 '거서간居西干'으로, '거서' 또한 '거세'와 같은 뜻이다. '간'은 '왕'의 뜻이므로 '거서간'이란 '무쇠 거르기 왕', 즉 제철왕을 가리키는 말이다. 이 같은 사실을 뒷받침해주는 기록이 중국의 역사책 『삼국지』「동이전」'한' 대목에 나온다.

한은 마한馬韓·진한辰韓·변한弁韓으로 나뉘어 있었다. 이들은 벼를 심고 누에를 쳤으며 비단을 짜 옷을 해 입었다. 소와 돼지를 잘 길렀고 말도 탔다.

고을마다 한 사람을 골라 천신天神에게 제사를 올리게 했는데 이를 천군

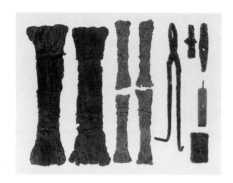

화폐로도 쓰인 무쇠 덩어리 철정鐵鋌과 대장 도구. 국립중앙박물관 소장.

天君이라 불렀다.

이들 나라에는 각각 별읍別邑이 있어 이를 '소도蘇塗'라 했다. 큰 나무에 방울과 북을 걸어 놓고 신에게 제사를 올렸다. 여러 고장에서 도망자가 들어와서 이곳에 살았는데 다시 돌아가려 하지 않았다.

변한과 진한에서 무쇠를 산출한다. 마한, 예濊, 왜倭 등이 이를 가져갔다.

여기에 등장하는 마한, 진한, 변한(변진이라고도 했다)은 각각 훗날의 백제, 신라, 가야에 해당되고 시기로는 기원전 1세기에서 2, 3세기쯤이다. 또한『삼국지』「동이전」'변진' 대목에 다음과 같은 기록이 있다.

변진은 12개국이고 니리미다 별읍이 있다. 기기에는 우두머리기 있어 그를 '거수渠帥'라 불렀다. 진한도 12개국이다. 돈 대신 무쇠 덩어리鐵鋌로 물건을 사고 팔기도 한다.

이로써 신라의 전신인 진한과 가야의 전신인 변진 모두 제철 국가였다는 사실을 알 수 있다. 또한 나라마다 '소도'라 부르는 별읍이 있었고,

그 우두머리를 '거수' 라 했다는 사실도 알 수 있다.

'소' 는 무쇠, '도' 는 터를 가리키는 말로, 소도蘇塗란 '쇠터' 의 옛말을 한자로 나타낸 것이다. 쇠터란 원자재 확보에서 마무리 작업까지 제철 및 철기 제조의 일괄 작업을 하던 옛 제철 단지의 총칭이다. 사철을 채취하는 강변, 사철을 달구기 위해 숯을 굽는 가마터, 무쇠를 달궈 녹이는 야철장, 각종 철기를 만드는 대장간, 제철 용수를 공급하는 연못, 제품과 원료를 넣어 두는 창고, 작업원들이 숙식하는 집과 제사 지내는 사당에 이르기까지 여러 시설을 두루 갖추었던 대단지가 바로 소도였다. 따라서 제철소에 제철소장이 있는 것처럼 소도에는 당연히 우두머리인 거수가 있었다.

6세기의 고구려 고분 오괴분 중 제4호분 벽화에 등장하는 대장장이 신.

소도는 우리 사학계에서 오랫동안 풀리지 않는 숙제였다. 일반적으로 는 삼한시대에 제사를 지냈던 곳으로 알려져 있지만 왜 제사터가 고을 바깥에 별도로 있었는지, 왜 성책으로 엄중히 에워싸여 있었는지, 왜 다른 고장에서 도망친 사람이 이곳에 들어가면 나오지 않았는지 이해하기 어려웠기 때문이다.

소도에서는 큰 나무에 방울과 북을 걸어 놓고 제사를 지냈다고 한다. 이는 신을 모시기 위한 것인 한편 단지로 들어오는 외래인의 유입을 내부에 알리는 경비 장치였다고도 할 수 있다. 외지에서 도망친 자를 순순히 받아들인 것은 철을 만드는 데 많은 일손이 필요했던 탓이요, 그들이 좀처럼 돌아가려 하지 않은 것은 대우가 좋다는 것을 의미하는지도 모른다.

제철은 당시 수출까지 했던 고수익 사업이었다. 박혁거세는 제철 사업의 우두머리에서 신라왕이 된 것이다.

.

우리말에서 간 일본어

바깥을 뜻하는 일본어 '소토そと'

일본어로 '바깥' 은 '소토そと' 다. 그러나 12세기까지는 그냥 '토と' 또는 '호카ほか' 라 불렸다. '토' 는 우리말 '터' 가 일본에 건너가 발음하기 쉬운 소리로 바뀐 것이고, '호카' 는 '바깥' 이라는 우리말이 변한 것이다. 우리말 [ㅂ]음 또는 [ㅍ]음은 일본에 가면 흔히 [ㅎ]음으로 바뀌고 받침은 대체로 없어지는 경우가 많다.

'소토' 는 원래 '무쇠터' 의 뜻이었지만 고을 '바깥' 에 있었기 때문에 점차 '바깥' 의 뜻으로 쓰였다.

왕비가 된 계룡의 딸 …

아리영 왕비

신라 시조 박혁거세의 왕비 이름은 알영閼英인데, 아리영娥利英이라고도 했다. '아리영'이란 무엇을 뜻하는 이름일까. 풀이를 하기 전에 그녀의 출신부터 살펴보자.

『삼국유사』「신라 시조 박혁거세왕」 대목에 아리영 왕비의 신기한 탄생 설화가 나온다.

옛날 경주 사량리沙梁里(옛 발음으로는 사도리)의 '알영' 또는 '아리영'이라고 하는 우물가에 계룡鷄龍이 나타나더니 왼쪽 옆구리에서 여자 아이를 낳았다(혹은 용이 나타났다가 죽었는데 그 배를 가르자 여자아이가 나왔다고도 한다). 아이의 모습이 아주 고왔으나 입술이 마치 닭 부리 같았다. 월성月城(신라의 왕궁) 북쪽 냇물에 목욕을 시키니 부리가 떨어졌다.

아리영의 탄생 설화는 많은 것을 암시한다. 계룡의 딸이라는 것은 제철왕의 딸이라는 뜻이다. 용은 왕을, 계룡은 제철왕을 상징한다. 닭의 옛말은 '달구'로, 이 말은 불을 달군다는 '달구'와 통한다. 고대에는 강모래 속에서 사철을 골라 불에 달구어 무쇠를 만들었으므로, '달구'라 불린 닭을 뜻하는 한자 '계鷄'로 제철을 상징했던 것이다.

또한 아리영이 계룡의 옆구리에서 태어났다는 것은 정실이 아니라 소실 태생임을 알려 준다.

입술이 닭 부리 같았다는 대목도 흥미롭다. 사철을 녹여 무쇠로 만드는 일을 옛날에는 '불그기' 또는 '불리기'라 했다. 요즘도 무쇠 다루는 이를 '쇠부리꾼'이라 부르는 것은 이 때문이다. 아리영의 부리가 떨어졌다는 것은 '쇠불리'의 신분에서 왕비로 승격됐음을 의미한다.

그녀가 알영 또는 아리영이라 불린 이유는 같은 이름의 우물가에서 태어났기 때문이라 한다. 그럼 알영 또는 아리영은 무슨 뜻일까. '알'은 새나 물고기의 알, 알갱이 또는 사철이나 사금을 가리키는 말이었다. 알영 설화에서의 '알'은 사철을 뜻한다. 그리고 '영'은 연못·샘·우물의 우리 옛말 '얼'을 비슷한 소리인 '영英'이라는 한자로 달리 표기한 것이다. 또 '아리영'은 '알영'을 부르기 쉽게 고친 것이다. 따라서 '알영'·'아리영'은 다같이 사철 연못을 가리키는 말이다.

신라 도읍 서라벌의 번성했던 모습을 그린 「왕경도」. 신라역사과학관 소장.

오늘날의 제철 산업에서도 엄청난 양의 물이 필요하듯이 고대의 제철이나 대장간 일에도 많은 물이 필요했다. 그래서 옛날에도 무쇠 공장은 반드시 큰 우물가나 연못가에 위치했다. 이곳에서 우선 사철을 걸러내는 작업을 한 것이다. 앞에서도 언급했듯이 이 제철작업의 총 지휘자를 '거수' 또는 '거세'라고 부른다. 사철을 거르는 연못 알얼(아리얼)가에서 태어났다는 아리영은, 이 거수·거세의 소실로부터 태어난 딸인지도 모른다.

「왕경도」는 신라가 가장 번성했던 무렵의 서라벌(지금의 경주)을 그린 그림이다. 『삼국유사』에 의하면 당시 서라벌에는 17만 8,936호의 집이 있었다고 하는데, 한 집에 평균 다섯 식구가 살았다 해도 인구가 자그마

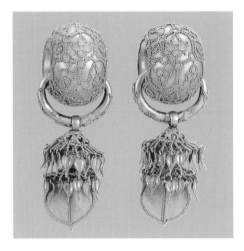

신라 부부총에서 나온 금제 귀고리. 국립
중앙박물관 소장.

치 100만 명이나 된다. 경주시의 현재 인구가 28만 명을 조금 넘는 정도
라 하니 엄청난 인구가 살았던 번성한 도시였음을 알 수 있다. 그 부유
함의 바탕에 무쇠가 있었다.

　지도의 왼쪽에 흐르는 강은 형산강이다. 이 형산강과 맞닿은 지도 위
쪽 강은 알천閼川(지금의 북천)이다. 그리고 알천과 형산강이 만나는 L자
지역(지도 위쪽 끝) 일대가 옛 야철지冶鐵趾, 즉 고대 제철소 터다. 아리영
이 소녀 때 살았다는 사량리가 바로 여기일 것으로 추정된다. 『삼국유
사』에 사량리가 고내에 '사도리'로 불렸다고 나오는데, '사도'란 '소도'
와 같은 무쇠터라는 뜻의 신라어이다.

　형산강도 질 좋은 사철이 많았던 무쇠의 강이고 알천도 사철과 사금
이 풍성하게 나는 보배로운 강이었다. 알천 강가에 왕궁이 있었고 역대
신라왕이 알천에서 군대의 사열식을 자주 했던 것도 무쇠와 금의 생산
지를 철통같이 지키기 위해서였다. 기원전 신라의 명칭이 '무쇠 나라'를

뜻하는 '사라斯羅'·'사로斯盧' 였던 것을 보아도 신라가 고대의 무쇠 선진국이었음을 짐작할 수 있다.

한편 서라벌徐羅伐은 '무쇠나라 벌판', 서벌徐伐은 '무쇠벌'의 뜻이다. 지금의 '서울'은 이 서벌에서 바뀐 말이니, 서울이라는 이름에도 무쇠의 흔적이 진하게 배어 있는 셈이다. 한강도 일찍이 풍요로운 무쇠의 강이었다.

우리말에서 간 일본어

유리ゆリ와 유ゆ

'유리ゆリ'는 백합을 가리키는 일본어고, '유ゆ'는 끓는 물을 뜻하는 일본어다. 모두 연못이나 샘을 가리키는 우리 옛말 '얼'에서 건너간 것이다. 발음하기 어려운 〔어〕 음은 일본어가 되면서 〔유〕라는 쉬운 소리로 바뀌고 받침이 없어지거나 다른 소리가 덧붙여졌다. 그래서 '얼'이라는 우리말이 '유' 또는 '유리'라는 일본어로 바뀐 것이다.

샘솟는 연못 수면은 끓는 물처럼 일렁이고 백합은 분수가 치솟는 듯한 꽃 모양이다. 옛사람들의 신선한 언어 감각에 놀라지 않을 수 없다.

무쇠를 좇다보니 자연히 산에 관심이 가게 되었다. 무쇠는 사철에서 나고 사철은 상에서 나며 상은 산에서 흘러내린다. 사철이 나는 산을 바라보다 보니 그 산이 무쇠산인지 아닌지 대충 판가름할 수 있게 된 것이다.

신라 문화권에 대해 조예가 깊은 이광수 선생을 만난 자리에서 스스로 시험해 봤다.

"포항의 운제산雲梯山은 무쇠가 나는 산일 텐데요."

그러자 선생이 선뜻 대답했다.

"네, 맞습니다. 그래서 비 온 다음날이면 운제산 기슭 냇가는 철분이 녹은 물로 빨갛게 물들지요. 보신 적이 있습니까?"

"아니요. 저는 산 모습만 보고 짐작하는 거니까요."

웃고 얼버무렸지만 내 짐작이 들어맞아 반가웠다. 무쇠가 있는 산은 그 능선이 매우 아름답고 신령스럽다. 무쇠가 나는 명산으로 손꼽히는 합천의 가야산, 포항의 비학산, 운제산 등의 산세는 여간 아름답지 않다.

예부터 운제산은 가뭄이 나면 기우제를 지내던 산이었다. 신라 제2대 왕인 남해왕南解王의 왕비 운제雲帝(雲梯)부인이 기우제를 주관했다. 신라 초대 왕 박혁거세의 왕비 아리영이 제철터 출신인 것처럼 2대 왕의 왕비 또한 무쇠가 나는 운제산 출신이었다. 신라왕은 대대로 무쇠와 관

무쇠가 나는 포항의 영산 운제산. 가출현 제공.

련된 가문과 혼인한 것으로 보인다.

운제부인만이 아니라 남해왕도 제사를 받드는 무당이었다. 『삼국사기』나 『삼국유사』에서 남해왕은 '차차웅次次雄', '자충慈充'이라 불렸는데 이는 무당을 가리키는 옛말이다.

무당을 왜 차차웅이나 자충이라 했을까. 이 낱말을 풀어보면 고대의 무당이 무슨 일을 했는지, 어떤 능력을 가진 사람이었는지 알 수 있다. 차차웅과 자충은 '춤을 잘 추는 사람', '잘 춤'을 뜻한 우리 옛말이다. 차차웅의 경우 첫 글자 '차次'는 우리말 '잘'을 의미하고 차웅次雄은 'ㅊ+웅', 즉 '충', '춘'을 나타낸다. 또 자충慈充은 '잘 춘'을 의미한다. 이와 같이 한글이 없었을 때 한자로 우리말을 표현한 것을 '이두吏讀'라 한다.

남해왕은 춤을 잘 춘 무당이자 임금이었다. 한자의 춤 무舞 자와 무당 무巫 자도 같은 계통의 글자다. 이 사실을 뒷받침하는 흥미로운 그림이 6세기의 고구려 고분벽화에 보인다. 오괴분五塊墳의 불의 신 그림이다. 신 중의 신이라 불리는 이 신은 불을 다스리는 신이다. 이 벽화는 불의 신이 긴 날개옷을 휘날리며 춤을 추면서 나무에 불을 지펴 제사를 지내는 모습을 표현했는데 춤을 잘 추는 신이 가장 지체 높은 신임을 나타낸다.

그럼 남해왕의 '남해'란 무엇을 뜻하는 말일까. 남해南解라는 한자의 옛 소리는 '남게'다. 남게는 '나무'를 뜻하는 우리 옛말이지만 원래는 '땅에서 자라나는 털'을 의미했다. 우리 조상은 나무를 대지에서 자라나는 털로 여긴 것이다. 그 규모 큰 시적詩的 세계에 놀라지 않을 수 없다.

앞 부분에서 신라 제2대 왕 남해왕은 '남해차차웅'이라 불렸고 남게는 '나무', 차차웅과 자충은 '춤을 잘 춘'이란 뜻으로 보인다고 얘기했다. 그렇다면 남해왕은 나무춤을 잘 춘 임금이란 말인가. 아니다. 이 '잘

6세기 고구려 고분 오괴분 벽화에 그려진 춤추는 불의 신.

춘'이란 말에는 또 하나의 뜻이 있다. '잘 키운'이란 뜻이 포함된 것이다. 키우다의 옛말이 '치다', '추다'였기 때문에 남해왕은 '남게 잘 춘', 즉 '나무 잘 키운' 임금이라고도 풀이할 수 있다.

고대 제철은 엄청난 나무를 필요로 했다. 사철 10톤을 녹이려면 12톤의 목탄이 있어야 하는데 여기서 얻는 무쇠는 겨우 3톤. 제철작업은 대량의 나무가 있어야 비로소 가능했다. 남해왕은 식목의 중요성에 일찌감치 눈 뜬, 미래를 내다본 제철왕이었다.

식목에 힘쓴 우리나라의 임금이 또 있다. 치우천왕蚩尤天王이다. 기원전 7세기에 나온 중국 책『관자管子』에 그 사정이 소상히 실려 있다.『관자』는 제齊나라 사람 관중管仲(?~기원전 645)이 임금에게 나라 다스리는

법을 설명하기 위해 쓴 책이다. 이 책에서는 튼튼한 나라, 넉넉한 나라를 만들자면 무엇보다도 제철을 해야 하고 제철을 하자면 나무를 많이 심어야 한다고 강조하면서 치우천왕의 나무 가꾸기 정책을 두루 소개한다.

나무가 자라는 산이 있으면 산에 사람이 들어오지 못하도록 우선 통제한다. 그 백리百里 사방을 갈 때 차를 타고 가는 자는 내려서 걷게 하고 걸어서 가는 자는 뛰어가게 하여 산을 두려워하고 공경하도록 하면 나뭇가지를 꺾고 나무를 베는 자가 사라질 것이다. 이같이 10년이 지나면 잡초뿐인 산에도 나무가 우거질 것이며 그때 무쇠를 만들면 된다.

이것이 치우천왕이 편 식목 정책으로, 관중은 제나라에서도 이같이 해야 할 것이라고 주장한다.

치우천왕은 기원전 2000년대를 산, 먼 옛날의 제철왕이다. 그 당시부터 제철에 힘쓴 지도자가 있었다는 것이 무엇보다도 감동적이다. 아름다운 운제산을 바라보며 고대의 제철법을 두루 생각하게 된다.

우리말에서 간 일본어 ───────────────

게ケ

털을 의미하는 '게' 라는 우리 옛말이 고대 일본에 건너가 그대로 털을 뜻하는 '게ケ' 라는 일본어가 되었고, 나무를 가리키는 일본 고대어 '게ケ' 가 되기도 했다.

현대 일본어로 나무는 '기き' 다. '게' 소리가 '기' 로 바뀐 것이다. 우리말의 경우 '남게' 라는 고대어에서 '남구' 를 거쳐 '나무' 로 바뀌었지만 일본에는 아직도 우리의 옛말 '게', '기' 가 그대로 남아있다. 이를 통해 문화를 낳은 쪽에서는 그 문화가 빨리 사라지지만 문화를 전해 받은 쪽에는 오래도록 머문다는 문화의 존재 양식에 관한 법칙을 새삼 실감하게 된다.

해
와

달
의

정
기

일
본
으
로

떠
나
다

…

연오랑과 세오녀

고대사서에는 더러 허황돼 보이는 얘기가 실려 있다. 요즘의 상식으로
는 좀처럼 믿기지 않는 대목들이다. 그래서 사람들은 고대에 관한 기록
을 역사로 받아들이지 않고 한낱 전설이나 설화로 돌려버리는 수가 많
다. 『삼국유사』에 나오는 '연오랑延烏郎과 세오녀細烏女' 얘기도 그런 것
중의 하나다.

신라 제8대 아달라왕 4년(157년) 동해 바닷가에 연오랑과 세오녀 내외가

살고 있었다. 어느날 연오랑이 바닷가에서 해초를 따고 있는데 갑자기 바위 하나가 나타나 연오랑을 태우고 일본으로 갔다. 바닷가로 남편을 찾으러 나선 세오녀 또한 바위를 타고 일본으로 가게 되고 그곳 사람들은 그들 내외를 왕과 왕비로 받들었다. 이때부터 신라에는 해와 달의 광채가 사라졌다. 놀란 임금이 그 까닭을 묻자 신하가 '해와 달의 정기인 연오랑과 세오녀가 일본에 가 버린 탓'이라 대답했다.

임금은 부랴부랴 일본에 사절단을 보내 연오랑과 세오녀 내외가 신라로 돌아오도록 청했으나 그들은 오지 않았다. 다만 연오랑은 "세오녀가 짠 고운 비단을 줄 테니 이를 신라에 가져가서 제사를 지내면 해와 달의 빛이 되돌아올 것이다"라고 했다. 사신들이 비단을 가지고 신라로 돌아와 연오랑의 말대로 제사를 지내니 해와 달이 예전처럼 빛나게 되었다. 그 비단을 임금의 창고에 간수하고, 제사 지낸 고장을 영일현迎日縣 또는 도기야都祈野라 불렀다.

영일현은 포항시의 옛 지명으로 '해맞이 고을'이라는 뜻이다. 또한 도기야는 '달 벌판'의 뜻으로 포항시 도구동都丘洞의 옛 지명이다. 이 도기야의 '도기'와 도구동의 '도구'는 모두 달을 가리키는 우리 옛말 중의 하나다.

달은 초승달에서 반달, 보름달, 그믐달까지 한 달 주기로 모양새가 바뀐다. 한 달 사이에 한 바퀴를 돌아 모습이 되돌아온다 하여 달을 '돌아오는 것'의 뜻으로 '돌기'·'돌구'라 불렀는데, 옛날 사람들은 받침을 생략해서 '도기'·'도구' 등으로 불렀다.

이 돌기·돌구는 달을 가리키는 옛말인 동시에 무쇠를 불에 달구는 일을 뜻하는 신라말이기도 했다. 달을 가리킨 돌구가 달구와 소리가 흡사했기 때문이다. 여기서 재미있는 등식이 떠오른다.

돌구(달) = 달구(무쇠 달구는 일·제철)

달과 제철은 일찍이 그 말소리가 흡사했던 탓으로 같은 낱말로 치부되었다. 달이 제철의 상징이 된 까닭이 여기에 있다.

해의 정기 연오랑과 달의 정기 세오녀는 당시 우리나라 금속 제조 기술을 상징하는 인물이다. 연오랑은 무쇠를 갈아 칼 등을 만드는 단야장鍛冶匠이었고, 청동 등 합금도 지어냈다. 세오녀는 제철 집단의 우두머리였으리라 짐작된다. 이렇게 생각할 때 『삼국유사』에 두드러지는 연오랑과 세오녀 관련 수수께끼는 자연스럽게 풀이된다.

연오랑과 세오녀가 일본에 가자 신라의 해와 달이 빛을 잃었다는 대목에서 햇빛은 철기 제조 과정의 불길을, 달빛은 제철 과정의 불길을 상징한다. 따라서 일월이 빛을 잃었다는 것은 이들 제조 공정의 불이 꺼졌음을 뜻한다. 제조 고로에 불이 지펴지지 않았음을 말하는 것이다. 또한 일월이 예전같이 돌아왔다는 것은 제철과 단야 작업을 옛날처럼 재개했음을 의미한다.

세오녀가 짠 비단 세초

포항 호미곶의 연오랑과 세오녀 동상. 가출현 제공.

포항의 명소 일지와 월지. 가출현 제공.

細綃는 '고운 깁실로 짠 비단'을 가리키는 한자어지만 여기서 비롯되는 소리 '세초'는 '세(쇠의 옛말) 지어'를 암시한다. 세오녀가 가지고 있던 비단에 무쇠 짓는 노하우를 소상히 적어 주었음을 일러주는 대목이다. 또한 신라 사신이 연오랑의 말대로 했더니 일월이 예전처럼 빛났다는 것은, 가르쳐 준 대로 시행했더니 제철이 가능했다는 기술 이전 사실을 뜻한다.

비단으로 제사 지낸 곳을 영일현 또는 도기야라 이름지었다는 것은 제철터에서 제사를 지냈다는 것을 의미한다. 당시 제철의 불 지피기 작업인 화입火入에 앞서 제사는 필수적인 것이었다. 동시에 그 작업장이 영일현 도기야(지금의 포항시 도구동)였다는 사실까지도 명백히 밝혀 주는 셈이다.

포항에는 이런 이야기를 뒷받침해주는 명소가 있다. 연오랑·세오녀와 관련된 연못으로 알려진 일월지日月池다. 일월지는 고대의 제철 용수지用水池였다.

일월지는 쌍둥이 연못이다. 일지日池라 불리는 큰 못의 넓이는 300m² 이고 깊이는 평균 4m이다. 그 초록빛 못물엔 비단잉어가 무리지어 논다. 한여름에 연꽃이 가득 피는 작은 연못 월지月池는 근처 포도밭에 물을 대기 위해 판 것이라고 하는데 원래는 일지, 월지가 하나였다는 설도 있다.

1970년 연못가에 세워진 비석의 비문인 「일월지 연혁」에 의하면, 예부터 이 자리에는 일월사당이 있어 해와 달에게 제사를 지냈는데 일제 강점기 때 일본인들이 헐어 버렸고 해방 후 미군이 이 일대를 기지로 삼으면서 연못을 1,000평 가량이나 메워 버렸다고 한다. 현재 일지와 월지 사이에 있는 큰 길이 연못을 메운 자리인지 모르겠다.

지금은 일월지가 해병 사단 영내에 정갈하고 호젓하게 보전되어 있지만 일찍이 도기야都祈野 또는 도구벌이라 불린 이 바닷가 언덕은 꽤 붐비는 제철장이었다. 형산강과 오천烏川은 원래 질 좋은 사철이 많이 나는 무쇠의 하천이었다. 냇물이 흘러드는 바닷가에는 화력이 센 붉은 소나무가 빽빽이 우거져 땔감도 풍부했고 바닷가 바로 위 언덕배기에는 넓은 연못 일월지도 있어 쇠 불리기에 모자람이 없었던 것이다.

포항 시내에서 공항으로 가다 보면 제철 단지와 해병 사단 사이의 길 한가운데 '몰개월'이라는 글자를 새긴 바위가 있다. 이 지역 주민들이 세운 소박한 지명비地名碑다. 포항시 남구 청림동 일대의 옛 지명이 몰개월이었다는 것인데, 고장의 옛 이름을 돌에 새겨 남기고자 한 주민들의 애향심이 돋보이는 만큼이나 그 지명의 뜻이 궁금하다.

'몰개'는 모래의 신라말로 요즘의 포항 사투리다. 그럼 '월'은 무엇일까. '위'의 옛말 '우'와 '연못'의 옛말 '얼'을 합친 '우 얼'은 흡사 '월'처럼 들린다. 몰개월이란 다름이 아닌 '몰개 우 얼', 즉 모래 위의 연못을 뜻하는 신라말이다. 재미있는 것은 이 일월지의 속칭인 몰개월의 '월'이 달 월月의 '월'과 소리가 같다는 점이다. 달은 제철의 상징이었다.

우리 조상은 상징적으로 현실을 묘사하는 능력과 뛰어난 언어 감각을 갖추고 있었다. 다분히 설화적인 『삼국유사』의 묘사는 충격적인 역사 기술을 상징 수법으로 희석하려 한 것이 아닐까.

우리말에서 간 일본어 ─────────────

우리말 '달'과 일본어 '쓰키つき'

언어학사들은 두 나라의 말이 같은 계통에서 갈라진 것을 증명하기 위해서는 천체어天體語, 신체어身體語, 수사數詞의 세 가지가 서로 같아야 한다고 말한다. 천체어는 해·달·비 같은 하늘과 기상에 관계된 낱말이고, 신체어는 머리·다리 같은 신체 부위에 관한 낱말, 수사는 하나·둘 같은 셈과 관련된 낱말이다. 우리말과 일본어는 이들 낱말이 서로 다르기 때문에 한 계통의 언어일 수 없다는 것이 일본 학자들의 주장이다. 이를테면 우리말 '달'의 일본어가 '쓰키つき'이기 때문에 서로 비슷하지도 않다고 주장한다.

그러나 달의 옛말은 '다라'이고, 다라의 또 다른 우리 옛말이 '도기'이다. 바로 이 도기가 일본에 건너가 달을 가리키는 일본어 '쓰키'가 된 것이다.

'귀한 여인의 섬'을 뜻하는 '히메지마姬島'라는 보물섬이 일본에 있다. 큐슈九州 동쪽 쿠니사키國東 반도 끝 자락에서 6km 더 간 바다 한가운데에 있는 총 면적 6.85km², 둘레 17km의 아주 작고 아름다운 섬이다. 이곳은 도미, 문어, 문치가자미 등이 풍성하게 나는 바다의 노루목이지만 특별히 '보물섬'이라 불리는 이유는 흑요석黑曜石이 나기 때문이다.

검고 단단한 유리를 닮은 흑요석은 화살촉날·칼날·도끼날 등을 만드는 데 사용한 고대의 중요한 석재다. 무쇠가 생산되기 전에는 무쇠 촉,

무쇠 칼, 무쇠 도끼 등을 대신해 긴요하게 쓰인 생활 도구와 무기의 원자재였으나 우리나라에서는 흑요석이 나지 않았다.

2세기 그 옛날 히메고소라는 우리나라 여인은 한반도에 없는 귀한 흑요석을 찾아 일본 히메지마까지 갔다. 『고사기古事記』와 『일본서기日本書紀』를 비롯한 일본 역사책에 따르면 히메고소는 신라 왕자 아메노히보코의 아내로서 남편의 횡포를 피해 일본으로 도망쳐 큐슈의 히메지마와 무나카타宗像, 나니와難波(오늘날의 오사카) 등지에서 신으로 받들어진 신라 여성이다. 이들 고장에서는 히메고소진자比賣語曾神社라는 사당을 지어 지금까지도 히메고소를 극진히 모신다. 특히 큐슈의 무나카타에서는 비단을 짜는 신으로 받든다.

아메노히보코는 히메고소를 좇아 일본으로 갔으나 만나지 못하고 일본 여인을 아내로 맞아 살았다. 그 역시 '신라 명신明神'이란 신으로 받들어진다. '명신'이란 해와 달의 신을 뜻한다.

일본 역사서에 등장한 이 아메노히보코와 히메고소가 바로 우리나라의 연오랑과 세오녀로 생각된다. 신라 제철 기술자인 연오랑과 세오녀가 일본에 가 아메노히보코와 히메고소란 이름으로 불리며 신으로 받들어진 것이다.

신라의 어느 늪가에서 한 여인이 낮잠을 자고 있었다. 어떤 사나이가 지나가다 보니 햇빛이 낮잠 자는 그녀의 생식기를 무지개처럼 비추고 있는 것이 아닌가. 숨어 살피는 사이에 여인이 임신을 하였고 곧이어 빨간 구슬을 낳았다. 사나이는 여인에게 간청하여 그 구슬을 얻어 허리에 차고 다녔다. 어느 날 사나이가 농사꾼들에게 음식을 날라다 주기 위해 소를 몰고 산골로 들어섰는데 신라 왕자 아메노히보코에게 잡히게 되었다.

왕자는 소를 잡아먹으려고 산골에 들어가는 게 아니냐며 호통쳤고, 사나이는 빨간 구슬을 뇌물로 바쳐 간신히 풀려났다.

구슬은 곧 아름다운 소녀로 변했고 왕자는 기뻐하며 그녀를 아내로 삼았다. 아내는 왕자를 극진히 받들었으나 오만하고 사나운 왕자에게 지쳐 배를 타고 일본으로 도망쳤다.

신라 왕자는 그녀를 좇아 일본으로 갔으나 만나지 못하고 타지마但馬지방에 머물러 있다가 그곳 세력자의 딸을 아내로 맞아 살았다.

타지마는 신라와 가까운 동해 쪽의 한 지방인데 이곳에 정착하기 전 신라 왕자는 한동안 일본 최대의 호수 비와코琵琶湖 북쪽 기슭 요고餘吳 마을에 살았다고 전해진다.

그런데 '요고'라는 지명을 눈여겨 봐야 한다. 연오랑의 '연오'와 소리가 흡사하기 때문이다. 우리말의 〔ㅇ〕소리는 일본말이 되는 과정에 흔히 〔ㄱ〕 또는 〔ㅋ〕 소리로 바뀐다. '오다'는 뜻의 우리말 '오'가 일본으로 건너가 '고' 또는 '코'로 바뀐 것이다. '오다'는 뜻의 현대 일본어는 '쿠르來る'지만 옛 일본어는 '코ᄃ'였다. 우리말 '오'가 '코ᄃ'라는 일본어로 변한 것이다. 연오랑의 '연오'도 '요고'로 소리가 바뀌었음을 알 수 있다.

이 요고마을에는 신라 왕자 아메노히보코를 제사 지내는 사당 에레히코진쟈鉛錬日古神社가 있다. 사당 이름 에레히코의 '에레'는 납을 여러 가지 방법으로 합금하는 것을 뜻한다. 연오랑의 이름자인 '연延'은 원래 납을 가리키는 '연鉛'에서 비롯되었음을 짐작할 수 있다. 납은 합금하는

데 없어서는 안 될 중요한 금속이고 여러 빛깔의 물감을 만드는 소중한 원료이기도 했다. '납과 함께 오는 사나이'가 바로 연오랑인 셈이다.

그럼 '세오녀'는 무엇을 뜻하는 이름일까. '세'는 무쇠를 가리키는 신라말이다. 그리고 '오'는 '오다'의 뜻이다. 세오녀란 이름은 '무쇠와 함께 오는 여인'을 의미한다. 일본 역사책에서는 세오녀가 '히메고소'라는 이름으로 등장한다. '히메'는 귀한 신분의 여성을 가리키는 일본말이고 '고소'는 강모래에서 사철을 걸러내는 총책임자를 뜻한 '거수', '거세'와 같은 말이다. 세오녀와 히메고소가 동일 인물이라면 세오녀는 제철 여왕이었다는 얘기가 된다.

그럼 여기서 『삼국유사』와 일본 역사책의 기록을 견주어 보자.

『삼국유사』

① 신라 동해 기슭에 살던 연오랑·세오녀 부부가 일본으로 가 왕과 왕비가 되었다.

② 남편이 먼저 가고 아내가 뒤따라갔다.

③ 그들이 일본으로 가자 신라의 햇빛과 달빛이 사라졌다.

④ 신라왕이 보낸 사신이 일본에서 세오녀가 짠 비단을 얻어와 제사를 지냈더니 햇빛과 달빛이 예선처럼 되돌아왔다.

『고사기』·『일본서기』

① 신라 왕자 아메노히보코와 히메고소는 부부였다.

② 아메노히보코에게 시달리다 못한 아내 히메고소가 일본으로 도망쳤고 남편이 그녀를 뒤따라갔다.

③ 일본으로 도망친 아내는 비단을 짜는 신으로 받들어졌다.

④ 신라 왕자인 남편도 일본에서 해와 달의 신으로 받들어졌다.

두 나라 역사책의 기록에는 조금씩 차이가 있으나 두 남녀가 신라인 내외였다는 점과 일본에 갔다는 사실은 일치한다. 또한 그들은 일본인에 의해 왕과 왕비 혹은 신으로 높이 받들어졌다는 점도 같다. 이것은 중요한 공통점이다. 연오랑과 세오녀가 일본으로 건너간 신라 제8대 아달라왕 4년은 서기 157년으로, 이 해에 신라에서 '지체 높은 내외'가 일본에 진출한 사실을 확실하게 밝힌 기록이기 때문이다.

지체 높은 이가 이동하면 수많은 사람들이 이를 수행한다. 시중 드는 이들만이 아니라 기술자까지 두루 따라나서는 것이다. 고대의 경우 의식주 생활 전반에 걸친 기술자를 데리고 나서지 않으면 귀인의 장기 여행은 불가능했다.

연오랑과 세오녀의 일본 진출에도 당시의 신라 기술 집단이 대거 따라나섰을 것이다. '제철 여왕'을 뜻하는 '히메고소'라는 일본 이름으로 불린 신라 여인이 비단을 짜는 여신으로도 받들어진 사실이 이를 짐작하게 한다.

필자는 세오녀로 여겨지는 히메고소의 발자취를 따라 히메지마로 가봤다. 섬 서쪽 짙푸른 바다 기슭에 산벼랑이 은빛으로 반짝이고 있었다. 산 전체가 온통 흑요석의 바윗덩어리인 것이다. 히메지마의 흑요석은 새까맣지 않고 고운 은빛을 띤다. 은빛 흑요석으로 깎은 화살촉은 새나 짐승을 겨냥했을 때 햇빛을 받아 눈부시게 반짝이며 날았을 것이다. 그것은 고대인의 눈에 흡사 신의 손길처럼 비쳤을 것이고 따라서 그것을

쪽빛 철광석을 캐던 굴은 지금도 금
줄이 쳐져 있고 신성시된다.

만든 세오녀는 영험한 신으로 여겨졌을 것이다.

　그러나 세오녀는 흑요석을 얻기 위해서만 히메지마를 찾은 것은 아니
었다. 궁극적으로는 이 섬에서 나는 남철광석藍鐵鑛石을 얻고자 했던 것
이다. 땅 속에 묻혀 있을 때의 남철광석은 흰색 또는 무색의 기둥 모양
결정체이시만 공기와 접촉하면 아름다운 쪽빛으로 변한다. 희귀하고 신
비로운 철광석이다. 무르고 부서지기 쉬운 철광석이기 때문에 비교적
낮은 온도의 불로도 무쇠 만들기가 가능했다.

　바람이 잘 통하는 들판에 불을 지펴 남철광석 덩어리를 넣어 달군다.
달구어진 철광을 꺼내 망치로 두드리고 다시 불에 달군다. 이 작업을 되
풀이하면 단철鍛鐵이 만들어진다. 이렇게 하면 예리한 칼을 만들 수 있

는 만큼 좋은 질은 아니라도 농기구를 만들 수 있는 정도의 무쇠는 구워 낼 수 있었다고 한다. 이것이 상고시대의 제철법이다.

히메지마 섬 동쪽에 해발 126m의 야트막한 산이 있다. '구이 들'이라는 뜻인 '야키노'라는 산 이름을 통해 이 일대가 일찍이 제철터였음을 알 수 있다. 옛 제철터에는 반드시 사당이 있다. 이 산 가까운 곳에 지금까지 히메고소에게 제사를 지내는 히메고소진자가 있는 것은 우연의 일치가 아니다. 동백과 벚나무가 어우러진 정갈한 사당. 이 사당 뒤 동굴 어귀에 금줄이 매여 있다. 신성한 곳이라는 표시다. 아마도 이 동굴이 남철광석을 캔 장소일 것이다.

우리말에서 간 일본어

시마しま

섬을 뜻하는 일본어는 '시마しま'다. 이는 바다로 에워싸인 대륙 이외의 육지를 가리키는 말이지만 원래 '무쇠터'를 뜻했다. '공동체의 활동 공간'을 의미하는 낱말이기도 했다. '시'는 무쇠, '마'는 공간을 가리킨 우리 옛말이다. 일본에는 섬이 아님에도 시마라 불리는 고장이 많은데 이런 곳은 영락없이 고대 제철터 자리다. 시마네島根, 후쿠시마福島, 가시마鹿島, 기비시마吉備島(오카야마의 별칭), 시마志摩반도 등이 그런 곳이다.

이러한 낱말을 통해 고대의 우리 제철 기술이 이들 시마에서 활발히 펼쳐졌음을 짐작할 수 있다.

철의 본고장에 세운 나라 :

고주몽과 고구려

포항의 포스코 역사관에 들어서면 입구 오른쪽에 커다란 청색 알이 있다. 무쇠를 상징하는 조형물이다. 알이 어째서 무쇠를 상징히는 조형물이 되었을까.

무쇠는 강모래에서 거른 사철로 만들었고 옛사람들은 이 모래 무쇠를 '알'이라 불렀다. 또한 옛날에는 강모래에서 건진 사금도 '알'이라 불렀다. 사철과 사금이 많이 난다 하여 '알천'이라 불린 지금의 경주 북천에서는 역대 신라왕들이 대규모 군사 훈련이나 열병식을 자주 행했다. 소

포항의 포스코 역사관에는 강모래 사철을 상징하는 푸른 알이 전시되어 있다. 일찍이 '알'이라 불린 사철은 고대 제철의 원자재였다. 가출현 제공.

중한 '알의 강'을 철통같이 지키기 위해서였다.

사철은 나라를 세운 원동력이었다. 『삼국사기』나 『삼국유사』를 보면 고대의 우리 시조始祖는 줄줄이 알에서 태어났다. 사철로 일군 제철이 부와 권력의 원천이었음을 일러주는 대목이다. 신라 시조 박혁거세는 자줏빛 또는 푸른빛의 큰 알에서 태어났고 고구려 시조 고주몽 역시 닷 되 들이 크기의 커다란 알에서 태어난 것으로 나온다. 박혁거세와 고주몽이 알이라 불린 사철 제철을 기반 삼아 나라를 창건한 임금이기 때문이다.

고주몽의 경우를 살펴보자. 고구려(기원전 37~서기 668) 시조 동명성왕東明聖王의 성은 고高이고 이름은 주몽朱蒙이다. 주몽은 백발백중의 활

쏘기 명수였다. 그의 이름 주몽도 '활 잘 쏘는 사람' 을 가리키는 말이다. 『삼국사기』와 『삼국유사』에 주몽의 아버지는 고조선시대에 지금의 중국 북동부에 있던 나라 북부여北扶餘의 왕 해모수解慕漱로 나오고 『단군세기』에는 고모수로 나온다. '해解' 라는 한자의 옛 소리는 '개' 로, '고高' 와 그 소리가 비슷했음을 이 두 가지 표기로 알 수 있다.

주몽의 어머니는 하백河伯의 딸 유화柳花이고 하백은 강을 다스리던 자로 여겨진다. 어느날 유화가 강가에서 동생들과 함께 놀고 있는데 천제天帝의 아들 해모수가 나타나 유화를 압록강 가의 집으로 유인하여 사랑을 나누게 된다. 유화는 임신했으나 그 후 남자는 찾아오지 않았다. 유화의 부모는 부모의 허락 없이 결혼을 했다며 크게 꾸짖고 백두산 밑 물가로 쫓아버렸다.

유화가 백두산 물가에서 귀양살이를 하는데 해모수의 또 다른 아들 해부루의 양자인 금와金蛙가 길을 가다 유화를 만나게 된다. 사연을 들은 그는 유화를 데리고 와 가두었는데 얼마 후 햇빛이 유화를 비추더니 닷 되 정도 되는 큰 알을 낳았다. 금와왕이 그 알을 개와 돼지에게 던져 주었으나 먹지 않아서 길바닥에 버렸더니 소와 말이 피해 갔고 다시 들에 내다 버렸더니 새가 와서 날개로 덮어 주었다.

왕이 알을 도로 주어와 쪼개 보려고 했으나 깨지지 않아서 어미인 유화에게 도로 돌려주었다. 천으로 알을 싸서 따뜻한 곳에 놓아두었더니 잘 생긴 아이가 껍질을 깨고 나왔다. 일곱 살이 되자 스스로 활과 화살을 만들어 쏘는데 백 번 쏘면 백 번을 다 맞추었다.

금와왕에게는 아들 일곱이 있었다. 그들은 항상 주몽과 함께 놀았으나 재주가 주몽을 따르지 못했다. 큰아들이 아버지 금와왕에게 말했다.

"주몽은 사람이 낳은 자식이 아닙니다. 일찍 없애지 않으면 후환이 있을까 두렵습니다."

그러나 왕은 그 말을 듣지 않고 주몽에게 말을 키우게 했다. 주몽은 좋은 말은 적게 먹이고 둔한 말은 잘 먹여 살찌게 했다. 왕은 살찐 말을 골라 자신이 타고 야윈 말은 주몽에게 주었다.

왕의 아들과 신하들이 주몽을 죽이려고 계책을 꾸미자 어머니 유화는 세 사람의 신하와 함께 멀리 도망치게 했다. 주몽 일행이 강가에 이르자 신하들이 뒤쫓아왔다.

"나는 천제의 아들이요, 강을 다스리는 하백의 손자다. 나를 죽이려고 뒤따라오는 자들이 있으니 어쩌면 좋으냐."

주몽이 이렇게 말하자 강 속의 물고기와 자라가 순식간에 다리를 만들어 건너가게 해 주었다.

주몽은 졸본卒本에 이르러 도읍을 정하고 나라 이름을 고구려라 했다. 이때 그의 나이는 22세였다(12세라는 설도 있다).

『삼국유사』에는 고구려가 가장 융성했을 때의 호구수가 21만 508호나 되었다고 나와 있으나 『삼국사기』엔 고구려가 멸망할 때 69만여 호였다고 밝혀져 있다. 이 호구수로 미루어 고구려는 적지 않은 인구를 거느린 큰 나라였음이 분명하다.

그 번영의 바탕에 무쇠가 있었다. 주몽이 알에서 태어났다는 설정 자체가 제철 집안 태생임을 강력히 일러준다. 강을 다스리는 하백이었던 그의 외할아버지는 강모래에서 사철을 채취하는 거수渠帥였을 것으로 짐작되고 아버지 해모수(고모수) 역시 그의 이름으로 미루어 거수였을 것으로 여겨진다. '모'는 모은다는 뜻이고 '수'는 무쇠의 고구려·부여말이다. 따라서 '모수'는 '무쇠 모음'이라는 이름임을 알 수 있다. 무쇠를 모으는 사람, 즉 '거수'·'모수'는 곧 제철왕을 가리키는 우리 옛말이다.

주몽이 나라를 세웠다는 졸본땅의 '졸卒'자는 중국 상고시대 발음으로 '철'인데 무쇠의 '철鐵'소리와 흡사하다. '자잘하게 빻은 돌'을 뜻하는 한자로 제철의 원자재인 사철이나 잘게 부순 철광석을 암시하는 글자이다. 그리고 '본本'이란 한자는 '근본', '시초'를 의미한다. 따라서 '졸본'은 '철의 본고장', '제철의 시초'를 의미한 지명임이 밝혀진다.

포스코 역사관의 푸른 알에 귀를 대면 잔잔한 음악 소리가 들린다. 역사관을 한 바퀴 돌고 나서 이 커다란 알에 귀를 기울여 보자. 먼 옛날의 숱한 무쇠 얘기가 노래처럼 들려올지도 모른다.

우리말에서 간 일본어

주몽 또는 추모와 쓰무つむ

동명성왕은 활쏘기의 명수라는 뜻으로 '주몽' 또는 '추모'라 불렸다. 이 '추모'라는 말이 '머리' 또는 '우두머리'를 뜻하는 일본말 '쓰무つむ'가 된 것을 보면 우리 옛말인 주몽 또는 추모에는 활 잘 쏘는 사람이라는 뜻과 함께 우두머리라는 뜻도 포함되어 있었음을 짐작케 한다. 고대에는 활 잘 쏘는 사람이 곧 우두머리였기 때문일 것이다.

'쓰무'는 요즘도 쓰이는 일본어다. '쓰무가리つむがり'는 빡빡 깎은 머리 스타일을 가리키는 말이고 '오쓰무おつむ(おつ 경칭)'는 '머리'를 뜻하는 어린이말이다.

고구려말은 신체어 등 기초적인 일본어에 강한 영향을 미쳤다. 고구려의 지배집단이 수준 높은 문화를 가지고 고대의 일본에 잇따라 건너갔음을 알 수 있다.

수수께끼의 여인이 있다. 고구려와 백제의 역사 첫 페이지에서 만나게 되는 이 여인의 이름은 소서노召西奴다. 고구려 시조 동명성왕의 아내요, 백제 시조 온조왕의 어머니다. 이와 같이 한 여인이 두 나라의 시조와 관련 있는 것은 매우 보기 드문 일이다. 무슨 곡절이 있는지 살펴보자.

『삼국사기』 「백제본기」는 다음과 같이 시작된다.

백제 시조 온조왕溫祚王의 아버지는 주몽이다. 주몽은 북부여에서 도망하여 졸본부여로 왔는데 그 나라 왕에게는 아들이 없고 딸만 셋이 있었다. 주몽이 보통 인물이 아닌 것을 알고 둘째 딸을 그에게 시집보냈다. 얼마 후에 왕이 죽자 주몽이 왕위를 이었다. 두 아들을 낳았는데 큰아들은 비류沸流요, 작은아들은 온조溫祚라 했다. 그런데 주몽이 북부여에 있을 때 낳은 아들이 찾아오자 주몽은 기뻐하며 그를 태자로 삼았다. 비류와 온조는 태자에게 해를 입을 것을 두려워하여 마침내 열 명의 신하와 함께 남쪽으로 떠났는데 그들을 따라오는 백성이 많았다.

온조의 어머니 소서노는 후처였다. 애초에 북부여에서 주몽이 도망쳐 왔을 때 졸본부여왕의 딸 소서노는 고관인 남편을 여읜 과부였다. 둘은 곧 결혼하여 두 아들을 낳았다. 그 후 고구려 왕이 된 주몽은 전처와의 사이에 낳은 아들을 불러들여 고구려 태자로 삼았다. 갈등 끝에 비류와 온조는 어머니 소서노와 함께 고국땅을 떠나 지금의 서울로 왔다. 백제국은 이렇게 탄생했다.

그러나 일제 강점기의 사학자 신채호는 소서노를 고구려와 백제 두 나라를 창건한 여왕으로 보았다. 그는 세계적으로 여왕은 더러 있었지만 나라를 둘씩이나 세운 여왕은 소서노 뿐이라고 주장했다. 졸본부여의 공주였던 소서노가 주도하지 않았다면 맨주먹의 청년이 어찌 남의 나라에서 자신의 나라를 창건할 수 있었겠느냐는 것이다.

소서노는 졸본을 보다 발전된 제철국으로 키우고자 했을 것이다. 그러기 위해서 제철왕이었던 해모수의 서자 주몽을 새 왕으로 내세운 것일까. 당시 주몽은 22세, 소서노는 30세로 소서노가 주몽보다 여덟 살 연상이었다. 그 결과 졸본부여는 고구려라는 튼실한 나라로 발돋움할

고구려의 첫 수도였던 오녀산성五女山城. 지금은 중국 요령성 환인시 동북쪽 7km에 위치에 있다.

수 있었지만 훗날 왕위는 주몽과 전처 사이에서 태어난 아들에게 돌아가고 만다.

소서노는 '사철의 들판'이란 뜻이다. '소서(또는 소시)'는 '사철', '노'는 '들판'이란 뜻의 고구려·부여 말이다. 사철이 나는 졸본천 일대에 드넓은 제철터가 펼쳐져 있던 모양이다. 한편 '소서노召西奴'란 한자는 '부스노'라 읽히기도 한다. 이두吏讀 표기에 따라 읽은 것이다. '부'는 '불', '스'는 '무쇠', '노'는 '들판'의 뜻으로, 부스노는 '불 무쇠의 들'을 뜻한다. 역시 무쇠의 들판, 즉 제철터를 가리키는 말임을 알 수 있다.

8세기 초에 나온 일본 역사책 『일본서기』에는 신라를 예찬하는 글이 있는데, 여기에 '다쿠부스마たくぶすまの 신라국'이란 글귀가 보인다. '다쿠'란 '불을 땐다'는 뜻의 일본말로 우리말 '달구'(무쇠를 불로 달군다

는 뜻)에서 생긴 낱말이다. '부'는 '불', '스'는 '무쇠', '마'는 '공간'이나 '터'를 가리키는 우리 말이다. '다쿠부스마'란 불을 때어 무쇠를 달구는 제철소를 표현한 우리 옛말인 동시에 고대 일본어인 것을 알 수 있다. 제철국인 신라를 부러워한 말이다.

소서노의 한자 이름을 이두로 풀면 『일본서기』에 나오는 '부스'란 낱말이 드러나 우리를 놀라게 한다. 고구려 시조의 왕비 소서노는 제철과 관련된 사람임을 알 수 있다. 혹시 소서노는 제철소의 여자 관리자인 '제철 여왕'이 아니었을까.

신라 시조 박혁거세와 제2대 왕 남해(남개)왕은 모두 제철 집안의 여인을 왕비로 삼아 정권의 기반을 튼튼히 했는데, 고구려 시조 주몽은 한술 더 떠서 제철 집단을 지휘했을 것으로 여겨지는 연상의 여인을 후처로 맞은 듯하다. 게다가 주몽은 왕이 된 다음엔 전처와의 사이에 낳은 아들을 불러들여 임금 자리를 넘겨 주기까지 했으니 빈틈 없고 셈에도 아주 밝은 사람이 아닌가.

『삼국사기』「백제본기」 '온조왕 조'에는 긴 주석이 별도로 달려 있다. 소서노가 낳은 비류, 온조 두 아들은 주몽과의 사이가 아니라 전남편인 우태와의 사이에서 얻은 아들이라는 것이다. 주몽은 북부여에서 도망쳐 기원전 37년 2월 졸본에 이르러 나라를 세우고 고구려라 했다. 그 과정에서 아내인 소서노의 내조에 힘입은 바가 컸다. 주몽은 아내를 매우 사랑했고 전남편 소생의 두 아들도 친아들처럼 여겼다. 그러나 주몽이 40세에 죽자 그의 친아들이 고구려의 임금 자리에 오르고 후처인 소서노의 두 아들 비류와 온조는 남쪽으로 피해 가서 살게 된다.

"처음 대왕이 난을 피해 여기로 도망치자 어머니는 집안 재산을 모두 쏟아부어 고구려를 세웠다. 그러나 대왕이 세상을 떠나자 나라는 대왕의 아들 유리의 것이 되었으니 우리는 혹 같은 존재가 되어 답답할 뿐이다. 차라리 모친을 모시고 남쪽으로 가서 땅을 택하여 따로 나라를 세움만 같지 못하다."

두 아들은 이같이 푸념하며 남쪽으로 가 미추홀(지금의 인천이라는 설이 있다)에 나라를 세우고 살았다는 내용이다.

만약 이런 사연이 없었다면 대문화국 백제(기원전 18∼서기 660)는 존재하지 않았을 것이다. 사람 사이의 갈등이 나라를 탄생시킨 보기 드문 경우라 할 수 있다.

우리말에서 간 일본어

들판의 옛말 '노'와 일본어 '노の'

『삼국사기』권제34「잡지雜志」'지리地理'편은 우리나라 지명의 변천을 한눈에 알 수 있는 소중한 자료다. 삼국시대의 원래 지명과 통일신라시대에 바뀐 지명, 고려시대 지명이 나란히 적혀 있어 고려시대의 한자로 된 지명과 삼국시대 고구려·백제·신라말로 된 지명을 서로 견주면 잃어버린 우리 옛말을 되찾을 수도 있다.

가령 현재의 충북 진천군鎭川郡에 대한 삼국사기의 기록은 '원래 고구려의 금물노군今勿奴郡인데 신라 경덕왕이 흑양군黑壤郡으로 바꾸었고 지금(고려 때를 말함)은 진주鎭州다' 하는 식이다. 여기서 금물노는 곧 흑양이라는 것을 알 수 있다. 바꾸어 말해서 '흑黑', 즉 '검은'이란 말의 고구려어가 '금물((그믈)이라 발음했음)'이었고 양壤, 즉 '들판'의 옛말이 '노'였음을 알 수가 있다.

더욱 희한한 것은 들판을 뜻하는 고구려말 '노'가 역시 들판을 뜻하는 일본말 노の와 꼭 같다는 사실이다. 우리 옛말과 현대의 일본말이 꼭 같다는 것은 무엇을 뜻하는가. 우리 옛말이 일찍이 일본에 건너가 일본말이 되어 지금껏 전해 왔다는 뜻이다.

백제 시조의 성은 부여扶餘고 이름은 온조溫祚다. 백제는 고구려에서 갈라져 나온 나라요, 고구려는 부여에서 나뉘어진 나라이기 때문에 백제 왕가는 '부여'라는 나라 이름을 성으로 삼았다 한다.

비류와 온조가 남쪽으로 내려와 세운 나라가 바로 백제인데, 왜 형인 비류가 왕으로 등극하지 못하고 동생이 백제의 시조가 된 것일까.

『삼국사기』「백제본기」의 '온조왕' 대목에는 나라 터를 서울로 정한 사연이 소상하게 적혀 있다.

드디어 한산漢山(지금의 북한산)에 이르러 부아악負兒嶽(지금의 삼각산)에 올라 살 만한 곳을 찾는데 형 비류가 바닷가에 살기를 원하자 신하들은 한수漢水(지금의 한강) 이남의 하남河南 땅이 좋다고 말렸다. 북쪽에는 한강이 흐르고 동쪽에는 높은 산이 있는데다 남쪽으로는 풍요로운 못이 있으며 서쪽은 큰 바다가 막아주고 있으니 하남이 좀처럼 보기 어려운 좋은 나라터라는 주장이었다.

그러나 비류는 신하의 말을 듣지 않고 백성을 나누어 미추홀彌鄒忽(지금의 인천)에 가서 살았다. 한편 온조는 하남 위례성慰禮城(지금의 광주시와 남한산성 일대)에 도읍을 정했다.

비류는 미추홀의 땅이 습하고 물이 짜서 편히 살 수가 없어 고심하다가 위례에 가 보니 도읍이 안정되고 백성이 편히 사는 모습을 보고 자신의 잘못을 뉘우치다가 그만 죽어버렸다. 그러자 그를 따르던 백성들은 모두 위례에 가 살게 되었다.

여기서 궁금증이 생긴다. 비류는 왜 굳이 바닷가에 가서 살고자 했으며 정말로 뉘우치다 죽은 것일까. 백제 시조는 온조왕이 아니라 비류왕이라는 설도 있는 것으로 미루어 비류와 온조 형제 간의 건국 설화는 『삼국사기』의 서술처럼 단순한 것 같지 않다. 어머니 소서노 못지않게 아들 비류왕도 수수께끼 사나이인 셈이다.

고구려 시조의 아들이요 백제 시조의 형인 비류는 대체 누구인가. 우선 그가 바닷가에서 살기를 원했다는 대목에 대해 생각해 보자. 그가 살았다는 미추홀은 지금의 인천으로 여겨진다. 이것이 사실이라면 한강 하류다. 한강의 옛 이름은 '아리수'다. 알의 강, 즉 사철의 강이라는 뜻

(위) 백제 초기의 고을 몽촌토성.
지금의 서울 강동구 방이동으로 한
강 남쪽 기슭에 자리한다.

(옆) 몽촌토성 성벽 안쪽에는 당시
의 나무 울타리가 복원되어 있다.

이다. 경주의 '알천'(지금의 북천)과 같은 이름이라 할 수 있다. 한강변
역시 사철이 풍성히 나는 무쇠터였음을 알 수 있다.

고대 국가의 정책 기둥은 무쇠와 소금이었다. 이 두 가지 필수품을 얼
마나 확보하느냐에 나라의 명운이 달려 있었기 때문이다. 아리수라 불
린 한강 하류 모래뻘에는 제철 원료인 사철이 많았고, 인천 바닷가에는

소금도 많이 났다. 무쇠와 소금을 한꺼번에 얻을 수 있는 땅이 바로 미추홀이었다. 나라를 경영하는 데 합당한 고장이었던 것이다.

'미추홀'이란 '물 고을'을 뜻하는 지명으로 그곳이 강가인 동시에 바닷가였음을 일러 준다. '미추'는 물을 뜻하는 고구려 말이다. '밀' 또는 '미'도 물을 뜻한다. 이 고구려말 '미'가 일본에 가서 그대로 물을 뜻하는 일본말 '미ズ'가 되었고, '미추' 또한 일본에 건너가 물을 가리키는 일본말 '미즈ズ'가 되었다. 물을 밀·미·미추라 부른 고구려와 백제 사람이 숱하게 일본으로 건너갔음을 짐작할 수 있다.

『삼국사기』는 이처럼 무쇠와 소금이 두루 나는 물의 고장 미추홀을 땅이 습하고 물이 짜서 편히 살 수 없다고 기록했다. 그래서 비류는 분하고 원통해서 죽었다는 것이다. 그러나 비류는 죽은 것이 아니다. 결론부터 말하자면 비류는 일본으로 간 것이다. 그는 죽은 것이 아니라 미추홀을 떠나 신라 땅에 머물다가 스스로 배를 만들어 일본 이즈모ぃずも(出雲)로 진출한 것이다.

일본의 역사책 『일본서기』와 『고사기』의 「신대神代」편 및 일본의 고대 지방 역사책 『이즈모풍토기出雲風土記』 등에 등장하는 '스사노오すさのを(素戔嗚)'라는 신의 모습에서 비류의 얼굴을 볼 수 있다. '스사노오'는 일본 건국 신화에 나오는 매우 중요한 신으로, 일본 학자들도 『일본서기』와 『고사기』 등을 통해 그가 제철의 신임을 인정한다.

일본에는 각종 신을 제사 지내는 '진쟈じんじゃ(神社)'라는 서낭당이 고을마다 있는데 공식 통계에 의하면 자그마치 7만 9,152개나 된다고 한다. 이들 서낭당에서 가장 많이 받드는 신이 바로 '스사노오신'이다. 또한 일본에서 전국에 가장 많은 분사分社를 거느리고 있는 야사카八坂진

쟈도 스사노오를 제신祭神으로 모시는데 이를 통해 이 제철신은 일본 민속 신앙의 밑뿌리에 깊이 자리한 신임을 알 수 있다.

이 서낭당의 기록에 "서기 656년 고구려국의 사신 이리시미미ぃりしみみ(伊利之使主)가 신라국 우두산牛頭山에 있는 스사노오를 일본 야사카진쟈로 모셨다"라고 나온다. 스사노오가 고구려 출신이기 때문에 고구려 사신이 그의 영혼을 한국땅에서 일본으로 모셔왔을 것인데 고구려인인 스사노오가 어째서 신라땅에 있었던 것일까.

우리말에서 간 일본어

우리말 '소금'과 일본어 '시오しお'

'소금'을 뜻하는 일본어는 '시오しお'고, '시오'의 고대어는 '시호しほ'다. 소금과 시오는 전혀 관련이 없어 보이지만 알고 보면 직접적으로 이어지는 낱말이다.

소금은 짜다. 간수를 빼기 전의 소금은 짜다 못해 쓰다. '쓰다', '써'라는 말의 경상도 사투리, 즉 신라말은 '씹다', '씹어'다. 경상도 사람들은 쓴 맛을 표현할 때 흔히 '아이고 씹어라'한다. 이 '씹어'가 일본에 건너가 소금을 뜻하는 고대 일본어 '시호'가 되었고, 이 옛말이 '시오'라는 현대 일본어로 바뀐 것이다. 우리말 [ㅂ] 소리는 일본말이 되면서 주로 [ㅎ] 소리로 변했기에 '씹어'는 '시호'가 된 것이다.

참 기이한 일이다. 일본 역사책에는 수많은 신이 등장하는데 일본인들은 그 신 이름의 뜻을 깡그리 모른다. 이를테면 『일본서기』 신화편 첫머리에는 '으마시아시가비'라는 신이 탄생하는 장면이 나오는데, 일본인에게 "으마시아시가비가 무슨 뜻이지요?"하고 물으면 한결같이 고개를 젓는다. 일본인이 일본 신의 이름 뜻을 모르는 것이다.

왜 이런 일이 생기는 것일까. 일본 신 이름의 태반은 우리 옛말이기 때문이다. 따라서 우리말이라 생각하고 접근하면 일본 신의 이름은 신기하리만큼 술술 풀린다.

그럼 '으마시아시가비'를 우리말로 풀어보자. '으마시'란 '어머니'라는 뜻의 신라말로 요즘의 경상도 사투리다. 고위층을 가리키는 말로도 쓰였다. '아시'는 '최고의 무쇠', '가'는 연마研磨한다는 뜻의 '가', '비'는 '칼'의 신라말이다. 결국 '으마시아시가비'란 '최고의 무쇠로 칼을 가는 어미(우두머리)'가 된다. 일본사의 첫 장을 우리말 이름의 철기 기술자가 장식하고 있는 셈이다. 일본이라는 나라가 칼붙이 등 철기 만들기에서 움텄음을 암시하는 대목이다.

백제 시조 온조왕의 형 비류에 비견되는 일본의 제철신 '스사노오すさのを(素戔嗚)'의 이름도 일본인들이 뜻을 모르기는 매한가지다. 그러나 비류왕의 어머니인 고구려 소서노 왕비의 이름을 알고 있는 사람이라면 스사노오가 소서노와 흡사한 것을 곧 알아차릴 것이다. '소서노'란 '사철의 들'을 뜻하는 이름이다. 그리고 '스사노오'는 '사철 들판의 사나이'라 풀이된다. 비류왕은 왜 고구려와 백제를 잇따라 건국한 위대한 어머니의 이름을 이어받아 자신의 이름으로 삼았을까.

일본 신의 이름이 우리말로 해독된다는 사실은 그들이 한국에서 건너간 실존 인물이거나 한국계의 어느 집단을 상징함을 의미한다. 재미있는 것은 신라·고구려·백제·가야 등 어느 계통에 속히는 신인지 알 수 있도록 이름 안에 암호를 심어 놓은 점이다. 이름에 한자 '천天'자가 들어있는 신은 신라 계통이다. 더러는 가야 계통의 신 이름에도 '천'자가 보인다. 고구려 계통의 신 이름에는 대체로 '고高'자가 들어 있다. '건建'이나 '무武'자도 고구려계임을 나타내는 암호다. '풍豊'과 '이伊'는 가야계, '서瑞'와 '월月'은 백제계 신을 나타낸다. '스사노오' 신은 '타케하야

建速'라고도 불렸는데, '건建'자는 고구려계를 나타내는 암호이고 비류왕은 고구려 출신이다.

고구려에서 남하하여 미추홀(지금의 인천)을 도읍으로 삼은 비류는 다시 남하하여 가야산 기슭인 지금의 고령高靈으로 갔다. 당시 우두산이라 불린 이 가야산에는 질 좋은 사철이 많이 났는데 스사노오의 별명이 바로 '우두천왕牛頭天王(ごずてんのう)'이다. 비류왕과 스사노오를 동일 인물로 보는 까닭이 여기에도 있다.

656년에 고구려 사신이 신라 우두산에 있는 스사노오의 영혼을 일본 교토京都로 옮겨 제사지냈다는 기록八坂鄕鎭座大神之記으로 미루어 스사노오는 고령에서 죽은 것으로 짐작된다. 스사노오와 비류왕이 동일 인물이라면 비류왕은 미추홀에서 죽은 것이 아니라 훨씬 훗날에 고령에서 죽은 것이 된다. 이에 앞서 그는 일본 이즈모 지방으로 진출해 한동안 제철製鐵을 하다가 다시 '내 나라'를 뜻하는 내ね(根)국으로 돌아갔다.

고령 일대를 차지했던 대가야大伽倻는 562년 신라에 의해 멸망했다. 따라서 '대가야 우두산'도 '신라 우두산'이 되었고 스사노오, 즉 비류왕의 영혼 또는 유해는 고구려인 후손에 의해 일본으로 모셔졌다는 얘기다. 그렇다면 대가야는 고구려와 관련 있는 나라였다는 얘기도 된다.

스사노오를 일본으로 모신 고구려인 후손 이리시いりし(伊利之)도 그의 이름을 통해 비류왕이나 스사노오처럼 제철 관련자였음을 알 수 있다. '이리'는 연못을 가리키는 '얼'과 같은 말이고 '시'는 '무쇠'의 옛말이다. '이리시'란 '무쇠의 연못'을 의미한다.

『삼국사기』「고구려본기」보장왕 15년 5월 대목에는 왕도에 철우鐵雨, 즉 무쇠비가 내렸다는 기록이 보인다.

일본 고대 제철 작업장 모습. 시마네현 오우치군 이마사야산 유적지에서 출토된 6세기 후반의 제철 공방 유구를 토대로 만들었다. 일본의 제철 박물관인 시마네현 와코和鋼박물관에 전시되어 있다. 우리나라 경주 외동읍 두계에서 출토된 신라 용광로(지름 1m, 높이 2m)도 이 용광로와 흡사한 모습이다.

그리고 『한국민족대백과사전』 연보에는 이해 8월에 달사達沙 등 사신을 일본에 보냈다고 적혀 있다. 달사란 무쇠 달구는 장인匠人을 가리키는 이름이다. 이 달사와 앞에서 언급한 이리시가 동일 인물인지 아닌지는 알 수 없으나 무쇠비에 놀란 왕이 스사노오, 즉 비류의 영혼을 제사지내기 위해 보낸 사절이었음을 짐작케 한다.

그럼 여기서 일본 역사서에 나타난 스사노오의 약력을 간추려 보자.

① 스사노오는 아버지로부터 바다를 다스리라는 명령을 받는다.
② 그러나 그는 '어머니의 나라인 내ね(根)국'으로 가고 싶다며 계속 울부짖어 푸른 산을 온통 메마르게 하고 강물도 바닥나게 한다.

③ 결국 아버지에게 추방당한 스사노오는 누이 아마테라스天照신이 사는 다카마노하라たかまのはら(高天原)에 가서 폭행을 저지르다 그곳에서도 추방당한다. 그 후 신라의 소시모리そしもり로 가지만 이런 곳에서는 살고 싶지 않다며 배를 만들어 동쪽의 이즈모국いずも國(出雲國)으로 간다.

④ 그곳 주민을 괴롭히는 큰 뱀을 처치하고 터줏대감의 딸과 결혼하여 드디어 '내 나라'로 돌아간다.

　여기서 특별히 주목할 것은 '계속 울부짖어 푸른 산과 강물을 메마르게 했다'는 부분이다. 계속 울부짖었다는 대목은 무쇠 만들 때 풀무 돌리는 소리를 표현한 것이요, 푸른 산과 강을 고갈시켰다는 것은 제철용 목탄을 만들기 위해 산의 나무를 깡그리 깎고, 사철을 건지기 위해 강도 온통 파헤쳤음을 의미한다. 공해의 현장을 고발하고 있는 셈이다.

　동화적인 고대사 서술에는 반드시 깊은 뜻이 깔려 있다. 역사책을 읽으며 이 숨은 뜻을 캐내지 못한다면 헛읽는 것이나 다름없다.

우리말에서 간 일본어

우리말 '감'과 일본어 '가미かみ'

'상감', '영감' 등의 '감'이라는 우리말에는 '존귀한 사람'이라는 뜻이 담겨 있다. '감'은 원래 여신女神이나 추장酋長을 가리키는 옛말이기 때문이다. 이 '감'이라는 고대 우리말이 일본에 가서 '가미かみ'라는 일본어가 되었다.

'감'이 '가미'가 된 것은 일본어가 되면서 받침이 또 하나의 소리로 늘어난 경우다. 일본인들이 김치를 '기므치'라 발음하는 것과 같은 현상이다.

… 도랑 못을 정복해 나라를 세우다 …

금관가야 시조 김수로왕

가야 이야기는 재미있다. 수수께끼 풀이를 하는 동화 같기 때문이다.

시기 42년 한반도 남부 낙동강 주변이 정체불명의 한 무리에게 점령 당했다. 무리는 각각 여섯 패로 나뉘어 부족 국가를 이룩하였다. 우수한 제철 기술을 가졌던 그들은 사철이 풍성한 낙동강 기슭을 차지하기 위해 이곳으로 온 것이다.

이 소국들은 급속히 부강한 나라로 성장했다. 그들이 만든 무쇠와 철기는 날개 돋친 듯 외국으로 팔려 나갔고 온 무리가 힘을 합칠 필요도

별로 없었기 때문에 가야국 여섯 나라는 하나의 큰 나라로 뭉칠 생각도 하지 않았다.

그러다 서쪽에서 백제, 동쪽에서 신라가 세력을 키워 그들을 공격했고 여섯 가야는 하나씩 무너지기 시작하더니 결국 562년 대가야를 끝으로 신라에 완전히 병합되고 말았다. 가락국駕洛國이라고도 불린 김해의 금관가야를 비롯 고령의 대가야, 고성의 소가야, 함안의 아라가야, 성주의 성산가야, 상주의 고령가야 등 6세기 동안 우리나라 중남부를 우수한 문화로 장식한 여섯 가야의 명맥은 이렇게 끊어지고 말았다. 무엇보다도 아쉬운 것은 정사서正史書인 『삼국사기』에 가야사 서술이 깡그리 빠진 사실이다. 다만 『삼국유사』에 「가락국기駕洛國記」라는 제목으로 금관가야의 기록만 전해오고 있을 뿐이다. 고려 문종 때의 기록을 일연一然이 『삼국유사』에 옮긴 것이다. 그나마 이 「가락국기」 덕에 우리는 1,500년 전 김해를 무대로 펼쳐진 우리 조상의 드라마를 엿볼 수 있다.

가야가 시작된 내력을 간추려 보자.

음력 삼월 초의 봄날이었다. 김해의 구지봉龜旨峯에서 이상한 소리가 났다. 이곳에 모여 목욕한 후 봄놀이를 즐기던 200~300명의 사람들은 그 소리에 귀를 기울였다. 사람 소리 같았지만 그 모습은 보이지 않았다.

"여기가 어디냐."

"구지입니다."

마을 사람들이 대답하자 그 목소리가 또 말했다.

"하늘이 나에게 명하기를 이곳에 나라를 세우고 임금이 되라 하셨다. 그래서 일부러 온 것이니 너희들은 모름지기 산 꼭대기의 흙을 파면서 '거북아 거북아 머리를 내밀어라. 만약 내밀지 않으면 구워 먹으리.' 하며 노래 부르고 뛰면서 춤을 추어라. 그러면 곧 대왕을 맞이하여 기뻐 뛰놀게 될 것이다."

마을 사람들이 이 말에 따라 노래하고 춤을 추다가 하늘에서 자줏빛 줄이 드리워져 땅에 닿는 것을 보았다. 줄 끝에는 금으로 된 상자가 매달려 있었는데, 열어보니 해처럼 둥근 황금 알 여섯 개가 있었다. 모두들 놀라고 기뻐하며 마을 어른 집에 가져가 평상 위에 두었는데, 이튿날 가 보니 알은 훤칠한 아이들로 변해 있었다.

이들은 무럭무럭 자라 열흘 후에는 9척 장사가 되었다. 그중 하나가 그 달 보름에 임금이 된 수로首露다. 수로는 나라 이름을 대가락大駕洛 또는 가야국伽倻國이라고 했다. 여섯 가야 중의 하나다. 나머지 다섯 사람도 각각 다섯 가야 임금이 되었는데 나라의 동쪽은 황산강, 동북쪽은 가야산, 서북쪽은 지리산, 서남쪽은 바다였다. (하략)

「가락국기」는 어느날 회오리 바람처럼 나타나 낙동강 유역의 무쇠터를 차지한 강력한 집단의 정복기를 봄날의 즐거운 잔치처럼 전한다. 그러나 '거북아 거북아…… 구워먹겠다'는 노래 속에 정복 싸움이 벌어진 사실을 암시한다. 교묘한 심리전을 앞세운 전투였다고나 할까.

정복자는 물론 무쇠 집단이었지만 피정복자도 무쇠 집단이었을 것으로 보인다. 김수로왕이 점령하기 이전 구지봉 일대는 아홉 명의 추장酋長이 100호, 7만 5,000명을 통솔하였다고 한다. 「가락국기」에는 이 사람들이 거의 산과 들에 모여서 살았으며 우물을 파서 마시고 밭을 갈아 먹었다고 나오는데, 9명의 추장이 각각 평균 8,330명 넘게 거느렸다면 소

흔히 볼 수 없는 대 집단이다.

그들은 무엇을 하며 살았을까. 해답은 '구지'라는 지명에 있다. 구지는 '굳힘'의 옛말이다. 한편 '구지溝池'란 한자어는 '도랑 못'을 가리킨다. '굳힘'이란 뜻의 '구지'는 빨갛게 달구어 녹힌 쇳물을 틀에 부어 굳혀서 칼이나 도끼·낫·삽 등의 철기 만드는 일을 뜻했고, 한자어 '구지溝池', 즉 '도랑 못'은 궁궐 둘레에 판 해자垓字를 가리키는 동시에 강모래에서 사철을 거르는 인공의 도랑시설을 의미했다.

굳힌다는 뜻의 '구지'건 도랑 못의 '구지'건 둘 다 제철과 철기 제조에 관련된 낱말이다. '여기가 어디냐'는 김수로왕 세력의 물음에 구지라고 대답한 것은 김해의 구지봉 일대가 그 이전부터 야철冶鐵의 땅이었음을 의미한다. 기존의 제철 집단이 보다 앞선 기술을 지닌 새 제철 집단에 지배당한 것이다.

김수로왕이 하늘에서 '강림'하기 전부터 그곳에는 '간干'이라 불린 추장이 있어 각기 8,000~9,000명의 마을 사람들을 거느렸다는 것도 그들이 애초부터 제철 집단이었다면 수긍이 간다. 제철은 수많은 기술 노동력을 필요로 하는 집단 작업이다.

금관가야에 얽힌 수수께끼는 또 있다. 허황옥許黃玉이라는 이국 왕비의 존재다. 허황옥은 인도 중부 아유타국阿踰陀國의 공주다.

김수로왕은 즉위한 지 24년이 되도록 장가를 들지 않았다. 신하들이 서로 나서서 자기네 문중의 처녀를 왕빗감으로 천거했으나 왕은 '하늘이 짝지어 보내 줄 것'이라며 응하지 않았다. 그러던 어느 날 왕은 망산도望山島라는 섬에 신하를 보내어 허황옥이 타고 오는 배를 마중하게 한다.「가락국기」는 허왕비가 두 사람의 신하 내외와 스무 명의 노비와 더불어 '비단과 금은보화를 이루 기록할 수 없을 만큼 많이 가져왔다'고 기록했다. 수로왕은 나루터에서 그녀를 기다리다가 궁궐로 들어가 결혼식을 올렸다. 그렇다면 왕은 왕빗감이 오는 것을 미리 알고 있었다는 얘기가 된다. 신부의 나이는 열여섯이었다.

인도 중부·북부는 고대 제철이 왕성히 이루어진 곳이다. 김수로왕은 중매자를 인도로 보내어 제철국의 공주에게 청혼한 것일까. 가야사는 제철 왕가끼리의 화려한 국제 결혼으로 막을 올린 셈이다.

우리말에서 간 일본어 ────────

구지봉龜旨峯과 구지후루노타케くじふるのたけ

『삼국유사』에는 김수로왕을 비롯한 여섯 명의 가야 시조가 하늘에서 구지봉으로 내려왔다고 기록되어 있다. 그런데 일본의 시조신始祖神 니니기노미코토ににぎのみこと도 하늘에서 구지후루노타케くじふるのたけ에 강림한 것으로『일본서기』에 서술되어 있다. '구지'는 구지봉의 '구지'와 같은 낱말이고 '후루'는 우리말 '벌판'의 '벌'이 일본어화한 것, '타케'는 '산' 또는 '산봉우리'를 뜻하는 일본어다. 따라서 일본 시조신이 강림한 곳은 '구지벌판의 산봉우리'로 풀이된다. 우리 가야사가 일본 신화에 크게 영향을 미쳤음을 짐작할 수 있다.

무쇠를 놓고 벌인 한판 승부

김수로와 석탈해

『삼국유사』「가락국기」에 다음과 같은 일화가 전한다.

금관가야를 세우자마자 김수로왕은 이상한 도전자를 맞게 된다. 이름은 석
탈해昔脫解로, 키 3척(1m 가량)에 머리 둘레는 1척(33cm 가량)밖에 되지 않
는 난쟁이었다. 그는 바다 너머 김해金海로 닥쳐와 서슴없이 대궐에 들어서
서 말했다.

"임금 자리를 뺏으러 왔소!"

김수로왕이 맞섰다.

"하늘이 나를 왕위에 오르게 한 것은 장차 나라를 안정시키고 백성을 편안케 하려 함인데, 감히 하늘의 명을 어기고 임금 자리를 남에게 내줄 수 없고 우리 백성을 너에게 맡길 수도 없다."

"그럼 술법으로 겨뤄 이긴 자가 왕이 되는 게 어떤가."

수로왕은 석탈해의 제의를 승낙했다.

왕의 말이 떨어지자마자 석탈해는 매로 변신했고 수로왕은 순식간에 독수리로 바뀌었다. 그러자 석탈해는 참새로 변했고 이에 맞서 수로왕은 새매로 둔갑했다. 곧이어 석탈해가 본 모습을 드러냈고, 수로왕도 원래 모습으로 돌아왔다.

석탈해는 수로왕 앞에 엎드려 항복했다.

"제가 졌습니다. 매가 독수리에게, 참새가 새매에게 잡혀 죽는 것을 면함은 왕께서 죽이기를 싫어하는 어진 마음을 가지셨기 때문입니다. 왕과 더불어 임금의 자리를 다투다니 당치 않는 일입니다."

석탈해는 이같이 말하고 대궐을 물러나와 바다로 향했다. 수로왕은 그가 반란을 일으킬까 두려워 500척의 수군을 보내 쫓게 했으나 석탈해의 배가 신라 쪽으로 달아나 모두 되돌아왔다.

아무리 옛일을 기록한 것이라지만 동화 같은 새 싸움이 뜻하는 바는 무엇일까. 그리고 석탈해는 왜 하필이면 매와 참새로 둔갑했을까. 이것은 단순히 새로 둔갑한 싸움을 의미하지 않는다. 무쇠 만드는 기술을 겨룬 치열한 싸움을 표현한 것이다.

새의 옛말은 '시'·'사이', 무쇠의 옛말은 '사'·'시'·'수'·'소'·'세'·'사

합천 옥전 고분군에서 출토된 가야의 철제
갑옷. 가로로 긴 철판을 인체의 곡률에 맞
추어 알맞게 구부려 만든 것으로 고도의
철 다루는 기술이 있어야만 만들 수 있던
갑옷이다. 경상대학교박물관 소장.

이' 등이었다. 새와 무쇠는 일찍이 '시'와 '사이'라는 같은 소리로 불렸
던 것이다. 따라서 「가락국기」는 '새' 싸움을 통해 '쇠' 싸움을 묘사했다
고 볼 수 있다.

옛 역사책은 이렇게 무쇠에 관한 것은 어김없이 '감춰 쓰기' 수법을 쓰
고 있다. 이는 제철과 철기 제조가 철저한 국가 기밀이던 시대의 산물일
것이다.

무쇠는 깨끗이 흙으로 돌아간다. 또한 제철 가마도 1회용이어서 작업
후엔 깡그리 깨부셨다. 그래서 고대의 제철 유적은 좀처럼 발굴하기 어
렵다. 게다가 역사 서술마저 이러한 형편이니 무쇠의 역사를 캐내는 것
은 여간 어려운 작업이 아니다. 역사책 속에 숨어 있는 은유나 설화의
의미를 밝혀내는 일의 중요성이 여기에 있다.

그럼 「가락국기」에 등장하는 새는 과연 무엇을 상징하는 것인지 추적
해 보자.

우선 석탈해가 처음 둔갑한 매는 길들여 사냥에 쓰는 새다. 사냥을 할 때 가슴으로 에워싸듯 안고 다니다가 사냥감이 나타나면 공중에 날려 잡게 한다. 매를 뜻하는 한자 '응鷹'도 에워싸는 새의 형태를 형상화한 모습이다. 에워싸는 새는 '에워싸서 만드는 쇠', 즉 녹인 무쇳물을 거푸집(틀)에 부어 만드는 주철鑄鐵(선철銑鐵이라고도 함) 공법을 의미한다. 석탈해가 매로 변화했다는 것은 그가 주철 공법을 사용해 수로왕 앞에서 철기를 만들어 보인 사실을 이미하는 대목이다.

이에 맞서 수로왕은 독수리가 되었다. 독수리를 뜻하는 한자 '취鷲'는 악착같이 물고 늘어지는 새를 나타낸다. 이는 단철鍛鐵 공법을 의미하는 것으로 단철은 주철을 불에 달구어 수없이 두드려 펴서 다시 붙이고 그것을 또 두드려서 아주 단단한 철기를 만드는 고도의 기술이다. 석탈해가 수로왕에게 '독수리가 매를 잡아 죽일 수도 있었는데 대왕께서는 그러시지 않으셨다'고 말한 것은 강철을 만드는 데 자신이 만든 주철을 이용할 수도 있었지만 그렇게 하지 않았던 수로왕의 태도를 높이 산 표현으로 여겨진다.

이어 석탈해는 참새가 되었고 수로는 새매가 되었는데 이는 칼 제조법을 겨룬 것을 암시한다. 참새 '작雀'자는 작은 새를 의미한다. 석탈해는 작은 칼을 만든 것이다. 이것을 신라말로 '사비'라 했다. '소도小刀'의 뜻이다.

반면 새매의 한자는 '전鸇'으로, 평평한 모양의 새를 의미한다. 이 새는 날개를 평평하게 활짝 펴서 날아다니기 때문에 이렇게 이름지어진 것이다. '평평한 모양의 새', 즉 '평평한 모양의 쇠'는 길고 평평한 대도大刀를 상징한 말이다.

작은 칼을 만든 석탈해와 큰 칼을 만든 수로왕의 승부 결과는 누가 봐도 명백했다. 이렇게 해서 고대 두 인걸人傑의 무쇠 기술 겨루기는 김수로왕의 승리로 끝났다. 그 시말기始末記가 「가락국기」에 실려 있는 '새 둔갑 설화' 다.

우리말에서 간 일본어

우리말 '밧케' 와 일본어 '바케ばけ'

둔갑遁甲의 우리 옛말은 '밧케' 다. 지금의 '바뀌다' 를 명사화한 것이다. 이 '밧케' 가 일본에 가서 둔갑을 뜻하는 '바케ばけ' 가 되었다. 모습이 바뀌는 것이 바로 둔갑이고 보면 둔갑술을 '밧케' 라 부른 우리 조상의 낱말 짓기 능력에 감탄하지 않을 수 없다.

『일본서기』는 황극皇極여왕 4년(645년)에 학승들이 고구려로 가서 둔갑술을 배워 온 사실을 기록하고 있는데, 이 대목에서 '術術' 이라는 한자에 '바케' 라는 토를 달고 있어 당시의 고구려말로도 둔갑술은 '밧케' 였음을 알 수 있다.

오늘날의 일본어에서도 '바케르ばける' 는 '둔갑하다', '변신하다' 는 뜻이고 '오바케おばけ' 는 '귀신' 의 뜻이다.

석탈해는 신라 제4대 왕이다. 그는 금관가야에서 김수로왕과 겨룬 다음 신라 동해안 아진阿珍 포구에 당도했다. 지금의 포항 영일만이다. 『삼국사기』에는 이때가 신라 시조 박혁거세왕 39년이라고 기록되어 있다. 이 책에 나와 있는 그의 내력을 훑어보자.

왜倭 동북쪽 1,000리 되는 곳의 다파나국多婆那國 왕과 여인국女人國 공주가 혼인하여 아이를 밴 지 7년 만에 커다란 알을 낳았다. 왕은 사람이 알을 낳자 상서롭지 못하다 하여 버리라고 했으나 왕비는 차마 그럴 수가 없어서 알을 비단으로 싸 많은 보물과 함께 궤짝에 넣어 바다에 띄웠다.

궤짝은 처음에 금관가야국 해변에 닿았으나 사람들이 괴이하게 여겨 건지지 않았다. 궤짝은 그 후 진한辰韓(신라의 옛 이름)의 동쪽 바닷가에 닿았다. 그곳에 사는 늙은 어멈이 궤짝을 열어 보니 어린아이가 있어 집에 데려와 키우자 지식도 뛰어나고 키도 9척이나 되는 건장한 인물로 자랐다. 이 아이가 바로 석탈해이다.

신라 제2대 남해왕 5년, 석탈해가 어질다는 소문을 들은 왕은 공주와 결혼을 시켰다. 남해왕이 죽은 다음 아들 유리儒理가 대를 이었고, 유리왕이 죽은 후에 탈해가 왕위에 올랐다. (하략)

『삼국유사』 제1권도 탈해왕에 대해 소상하게 기록한다. 그러나 같은 『삼국유사』지만 제2권 끝에 실린 「가락국기」 내용은 제1권과 상당한 거리가 있다. 가야가 쓴 기록과 신라가 쓴 기록의 차이일 것이다. 역사는 그 역사를 쓰는 주체가 누구인가에 따라서 이렇게 달라진다.

계림鷄林(지금의 경주) 동쪽 하서지촌下西知村 아진포阿珍浦에 한 늙은 어멈이 살고 있었다. 어느날 어멈은 큰 배가 바닷가에 와 있는 것을 보았다. 배 안에는 길이 20척, 너비 13척의 큰 궤가 있었고 궤 속에는 단정하게 생긴 사내아이와 함께 노비와 금은 보화가 가득했다.

어멈이 사내아이를 7일동안 잘 대접했더니 아이가 비로소 입을 열었다.

"내 아버지는 함달파왕含達婆王인데 어머니와의 사이에서 커다란 알 하나를 낳았소. 아버지는 사람이 알을 낳다니 있을 수 없는 일이라 하여 배에 알을 실어 띄워 보냈고 붉은 용이 이곳으로 인도해 준 것이오"

말을 끝내자 아이는 토함산吐含山에 올라 집 지을 만한 곳을 살폈다. 마침내 서라벌에 초승달 모양의 산봉오리가 있는 것을 발견하였고 그곳이 가장 살 만해 보여 찾아가 보니 이미 호공瓠公이라는 사람이 살고 있었다. 아이는 꾀를 냈다. 몰래 숫돌과 숯을 그 집 곁에 묻어 놓고 이튿날 아침 호공을 찾아가서 말했다.

"이 집은 우리 조상이 살던 집이니 내놓으시오."

호공은 펄쩍 뛰었지만 아이는 계속 우겼다. 시비가 가려지지 않자 마침내 관청에 고발까지 하게 되었다.

관리가 아이에게 물었다.

"네 조상이 살던 집이라는 것을 증명할 수 있느냐?"

"우리 조상은 대대로 대장장이였소. 잠시 이웃 고을에 간 사이에 이 사람들이 집을 빼앗아 살고 있는 것이오. 그러니 땅을 파 조사해 보면 우리 조상이 대장장이였다는 것을 알 수 있을 거요."

관리들이 땅을 파니 과연 숫돌과 숯이 나왔다. 석탈해는 이렇게 해서 명당에 자리한 호공의 집을 빼앗아 살게 되었다. (하략)

신라 시조 박혁거세나 고구려 시조 고주몽, 금관가야 시조 김수로처럼 석탈해가 알에서 태어났다는 것은 그 역시 제철 집단 출신임을 의미한다. 알은 사철이나 사금을 가리키는 우리 옛말이다. 고대 국가의 시조들이 줄줄이 알에서 태어난 사실을 통해 우리나라가 기원전 1세기 무렵부터 제철을 통해 성장한 선진 기술 국가였음을 알 수 있다.

석탈해의 아버지도 제철왕이었다. 그의 이름 '함달파含達婆'가 이를

손잡이를 금으로 장식한 5~6세기 신라의 큰 칼. 길이 85cm. 경주시 안강읍 출토. 삼성미술관 리움 소장.

증명한다. '함숌'의 옛 소리는 '게'인데, '게'는 '나무'의 옛말이다. '달達'은 '산·언덕'의 옛말이며 '잘'의 옛 소리 또한 '달'인데 고구려 계통의 발음이다. 한자 '파婆'는 '봐'를 나타낸다. 따라서 '함달파왕'이란 '나무 잘 봐' 또는 '나무 산 봐', 즉 '나무 잘 가꾸기'(또는 '나무산 가꾸기')왕을 뜻하는 이름이다. 따라서 석탈해의 아버지는 남해왕과 같은 뜻의 이름을 지닌 제철왕인 셈이다. 나무를 가꾸는 것이 고대 제철의 근본임을 다시 한 번 일깨워 주는 이름이다.

함달파는 왜의 동북방 1,000리에 있는 다파나국 왕이었다고 하는데 다파나국은 고대 일본 중북부에 있던 '탄바たんば(丹波)국'을 가리키는 듯하다. 탄바국은 시금의 효고兵庫현과 교토京都현 등지로 고대 제철이 왕성했던 지역이다. 이 일을 모두 종합해 보면 석탈해는 일본에서 온 한국계 제철 관계자라는 얘기가 된다.

『일본서기』와 『고사기』 등에도 석탈해와 관련된 이야기가 나온다. 대국주와 난쟁이 신이 등장하는 이야기다. 대국주大國主(おおくにぬし)는 일본 이즈모いずも(出雲) 지방을 다스렸다는 신이다. 동해를 바라보는 일본

서북부 해안에 위치한 이즈모는 고대 제철로 이름을 날린 지방이다. 신라 최대의 항구 영일현迎日縣(지금의 포항)에서 똑바로 동쪽을 향해 배를 몰면 일본 오키ぉき(隱岐)섬이 나오고 이 섬에서 똑바로 남쪽을 향하면 이즈모에 당도한다. 이즈모는 신라에서 가장 가까운 일본 땅이었다.

어느 날 대국주가 이즈모 바닷가에서 점심을 먹는데 이상한 물체가 해변에 닿는 것을 보았다. 거위 가죽으로 만든 옷을 입은 난쟁이가 박주가리(새박) 열매로 만든 배를 몰고 동해를 건너와 상륙 채비를 하는 중이었다.

"대체 너는 누구냐?"

난쟁이는 대국주의 말에 들은 척도 하지 않았다. 부랴부랴 수소문한 끝에 대국주는 그가 어느 지체 높은 제철신의 아들이라는 사실을 알게 되었다. 그때부터 대국주는 난쟁이를 극진히 받들었고 이즈모 지방 개척에 함께 힘썼다. 그러던 어느 날 난쟁이는 바다 건너의 이상향 상세국常世國으로 홀연히 떠나 버렸다.

이 난쟁이 신의 이름은 스쿠나히코나すくなひこな(少名毘古那)고 난쟁이 신이 건너간 이상향 상세국은 곧 신라를 의미한다.

한편 이즈모 지방의 내력과 고장 이름, 생산품 등을 꼼꼼히 기록해 놓은 책『이즈모 풍도기出雲風土記』(713)에는 야츠카미즈오미やつかみずおみ(八束水臣)라는 신이 국토를 개발한 이야기가 실려 있다. '신라에 자투리 땅이 있어 이 땅을 밧줄로 매어 이즈모 쪽에 끌어다 붙여 일본 땅으로 만들었다'는 대목이다.

일본 고대 신화에 등장하는 이들 두 신과 신라 제4대 왕 석탈해가 어떻게 연결되는지 설명하기 전에 석탈해昔脫解라는 이름부터 풀이해야 할 것 같다.

『삼국사기』나 『삼국유사』 등 우리 고대사 책은 모두 한자로 기록된 책이다. 그런데 사람 이름이나 관직 이름, 고장 이름 등은 한자로 기록돼 있지만 한문도 한어漢語도 아니다. 순수한 우리말을 한자의 소리(음독)와 뜻(훈독)에서 나온 음을 빌려 두루 표기한 것이다. 이런 표기법을 이두吏讀라 한다. 한글이 만들어지기 이전 순수한 우리말을 한자로 나타낸 독특한 표기법이었다.

석탈해의 성인 석昔은 한자를 음독音讀한 것이다. 그러나 한자 석昔을 훈독訓讀하면 '예'가 된다. 예는 삼한시대 강원도 일대를 차지했던 부족국가의 이름이다. 뛰어난 철기 제조술을 지니고 있어 '철국鐵國'이라 불리기도 했다. 예국 사람들은 일찌감치 일본에 진출하여 동해 쪽 일본 땅을 점령하기도 했다. 석탈해도 예국 출신이어서 성을 '예'라 했을 것으로 여겨진다.

일본 고대 역사서의 신화에는 일본식으로 '야や'라 발음되는 한자 '팔八'이 들어간 이름의 신이 많은데 이들은 모두 예 계통의 인물들이다.

예국은 고조선 신화에서 호랑이로 나온다. 곰과 함께 사람이 되고자 단군의 아버지 환웅에게 간청했지만 명령을 지키지 못하고 굴에서 뛰쳐나가 끝내 사람이 되지 못한 호랑이는 예국을 상징한다. 예국 사람들은 호랑이를 숭상하는 부족이었다.

석탈해의 성을 통해 그의 아버지인 다파나국의 함달파왕도 예국 출신자였음을 짐작할 수 있다.

석탈해의 이름은 탈해. 탈脫의 옛 소리는 '토', 해解의 옛 소리는 '게'였다. 두 자를 합하면 '토게'로 '언덕'·'둑'을 가리키는 옛말이다. 이상

경주 안압지에서 출토된 신라의 귀면鬼面 문고리. 국립경주박물관 소장.

으로 석탈해는 '예토게' 라는 이름의 인물임이 밝혀진다.

여기서 '야츠카やつか(八束)' 라는 이즈모 개척신의 이름을 다시 떠올려 보자. '야' 는 '예' 의 일본식 발음이요, '츠카' 는 언덕·둑을 가리키는 일본말이다. 언덕·둑을 의미하는 우리 옛말 '토게' 또는 '도가' 가 일본에 가서 '츠카' 라 불리게 된 것이다. 우리말의 〔d〕음은 일본에 가서 〔ts〕음이 되었다. 예토게, 즉 석탈해는 바로 야츠카라는 등식等式이 여기서 떠오른다.

이번에는 '스쿠나히코나' 라는 난쟁이 신의 이름을 살펴보자. '스쿠나' 는 작다는 뜻의 일본말이다. 그가 난쟁이였음을 알려주는 동시에, '스쿠' 의 음으로 석탈해의 '석昔' 을 암시한다. '나' 는 '나라' 를 가리키는 우리 옛말이다. 따라서 '스쿠나' 란 석국昔國, 즉 예나라를 은유하는 명칭임을 알 수 있다.

고내 이즈모 지방을 무내로 활약한 이 두 신이 신라 제4대 왕 식달해를 매개로 묶이는 셈이다. 『삼국유사』「가락국기」에는 석탈해가 머리 둘레 1척에 키가 3척이라고 나오지만 『삼국유사』 권1 「기이紀異」편에는 머리 둘레 3척 2촌에 키 9척 7촌으로 3배나 더 크게 나오고 『삼국사기』에도 신장 9척의 거인으로 나온다. 그러나 여러 정황으로 미루어 「가락국기」의 기록대로 석탈해는 난쟁이였을 것으로 여겨진다. 스쿠나히코나가 난쟁이인 이상 스쿠나히코나와 동일인으로 여겨지는 석탈해도 9척의 거인이 아니라 난쟁이었다고 보는 것이 타당하기 때문이다.

석탈해는 신출귀몰하는 홍길동 같은 존재였다. 일본 역사책에 두 인물로 기록되어 있는 것도 동에 번쩍 서에 번쩍 종횡무진으로 뛰어다닌 그의 날렵함 때문일 것이다.

우리말에서 간 일본어

우리나라와 일본의 성수

숫자 8의 옛말은 '여덟', '야달'인데, 이는 신라 계통의 수사數詞다. 고구려말로는 '예', 일본어로는 '야ゃ'다. 고구려 계통의 수사가 바다를 건너가 일본 수사로 둔갑한 것이다. 민족마다 각기 성스럽게 여기는 숫자가 있는데 이것을 성수聖數라 부른다. 고구려와 백제의 성수는 5, 신라는 6, 일본은 8이다.

성수는 역사적 환경에서 빚어진다고 한다. 일본이 8을 성수로 삼은 것은 그들이 8을 '야'라 불렀고, 이 '야' 음은 바로 예나라를 상징하는 말이었던 까닭이다.

예나라는 왜에 최초로 철기문화를 전달한 집단이었다. 이로 미루어 철기가 상고시대의 사회에 얼마나 큰 영향을 미쳤는지 능히 짐작할 수 있다.

：박·석·김 세 성씨의 신라 왕조 ：

김알지의 비밀

고구려 왕조의 성은 고高씨다. 그리고 백제 왕조의 성은 부여夫餘씨, 줄여서 어餘씨라고도 했다. 이에 비해 신라는 박·석·김 세 성씨로 이루어진 복합 왕조다. 초대부터 3대까지는 박씨, 4대는 석씨, 5대부터 다시 박씨, 9대부터는 또 석씨, 13대에 가서 김씨, 14대부터는 또다시 석씨, 그리고 17대 이후부터는 줄곧 김씨 왕조가 이어졌다.

이것은 무엇을 의미하는 것일까. 초기 신라 왕권이 취약했다고 볼 것인가. 또는 실권이 막강했던 장로長老들의 의견에 따라 대대로 왕위가 결정된 탓으로 보아야 할 것인가.

초기 신라의 정치 제도 중 가장 주목을 끄는 것은 '화백和白'이라 불린 국가 최고회의의 존재다. 신라 육촌六村의 장들이 모인 이 회의를 통해 나랏일을 의논하여 반드시 만장일치제로 의결했다고 한다. 『삼국사기』나 『삼국유사』에 나오는 것과 같이 신라 시조 박혁거세가 이 여섯 마을 어른들에 의해 왕으로 추대된 것처럼 석씨, 김씨도 이들의 합의에 따라 왕위에 올랐던 것일까.

화백의 신라말은 '고로 사로'다. 회의 참석자 전원이 골고루 자신의 의견을 개진한다는 뜻으로, 요즘말로 하면 '고루 사룀'이다. 각자 활발히 의견을 말한 다음 통합된 결론을 도출해 내는 민주적 회의 방식이다.

어쨌든 신라의 왕위가 박씨에서 석씨에게로 처음 넘어간 지 9년째 되는 해 8월 4일, 김씨의 시조 김알지金閼智가 드라마틱하게 탄생한다. 이 대목에는 자신의 소유인 월성月城 무쇠터를 석탈해에게 송두리째 빼앗긴 호공瓠公이 또 등장한다. 『삼국사기』와 『삼국유사』의 기록을 간추려 보자.

때마침 초승달이 뜨는 4일 밤. 호공이 길을 가는데 밝은 빛이 시림始林에서 비쳤다. 자줏빛 구름이 하늘에서 땅으로 뻗쳤는데 구름 사이로 황금 궤가 나뭇가지에 걸려 있는 것이 보였다. 빛은 그 궤 속에서 새어나왔고, 나무 밑에는 흰 닭이 울고 있었다. 이 광경을 본 호공은 서둘러 탈해왕에게 아뢰었다. 왕이 그 숲에 가서 궤를 열어 보니 사내아이가 누워 있다가 일어났다. 얼굴이 복스럽고 아주 잘 생겼으므로 왕이 기뻐하며 양자로 삼았다. (『삼국유사』에는 태자로 삼았다고 나온다)

아이는 총명하고 지략도 뛰어났다. 금궤에서 나왔으므로 성을 김씨라 하고 이름을 알지라 지었다. 또한 시림 숲 이름을 계림鷄林이라 고쳐 나라 이름으로 삼았다. (『삼국유사』의 경우, 김알지는 그 후 태자 자리를 박씨계 파사婆娑 왕에게 물려주고 자신은 왕위에 오르지 않았다고 서술한다)

신라왕 박혁거세나 김수로를 비롯한 가야 여섯 나라 왕의 탄생 설화와 흡사한 김알지 등장 드라마는 정권 찬탈을 노린 김씨 집단의 쿠데타를 그린 것으로 추측된다. 나라 이름을 고쳤다는 것은 국체國體가 바뀌었음을 뜻한다. 김알지는 일시적으로 정권을 빼앗았지만 끝내 지탱하지 못했던 것이 아닐까. 알지가 '탄생'했다는 서기 65년 이듬해부터 백제가 잇따라 신라를 공격했던 것도 알지 실각의 원인이 되었을 것으로 여겨진다.

서기 73년에는 왜도 쳐들어왔다. 석탈해는 일찌감치 왜로 진출한 예濊 계통의 고대 한국인이었다. 따라서 서기 57년 임금이 되자마자 왜와 우호관계를 맺고 사절단을 교환하기도 했는데(서기 59년), 그 왜가 신라로 쳐들어왔다는 사실은 당시의 신라가 '석탈해의 신라'가 아님을 의미하는 것이 아니겠는가.

왜가 신라에서 노략질해 간 것은 무쇠였다. 완제품인 철기와 반제품半製品인 철정鐵鋌이 그것이다. '덩이쇠'라고도 불린 철정을 녹여서 철기를 만든 것이다. 당시만 해도 왜는 고로로 무쇠를 불리는 제철 능력이 없었고 철기 제조 기술도 매우 빈약했다. 따라서 제철 선진국인 신라나 가야에서 철기 완제품과 덩이쇠를 사거나 노략질할 수밖에 없었고, 심지어는 제철 기술자를 집단 납치해 가기도 했다.

박혁거세 이후 역대 신라왕은 제철왕이었다. 박씨를 제치고 왕위에 오른 석탈해도 뛰어난 제철왕이었고 그에 이은 김알지도 제철왕이었다. 제철과 철기 제조가 왕성했던 신라에는 훔쳐갈 물건도 흔했던 것이다.

김알지가 제철왕이었음을 증명하는 것은 그의 이름이다. 알지는 '아이'의 신라말이다. 양수羊水 주머니에 싸여 있는 태아가 마치 알처럼 보이는 데서 생긴 옛말일 것이다. 이 알지가 아지 → 아기·아고·아가 → 아이로 변전變轉한 것이다.

신라는 제철 기술과 함께 수준 높은 금속 공예 기술을 지니고 있었다. 경주 천마총에서 출토된 금관. 곱은 옥(곡옥)이 많이 쓰인 점이 주목된다. 국보 188호. 국립경주박물관 소장.

한편 알지는 사철의 왕을 뜻하는 낱말이기도 했다. '알'은 달걀인 동시에 사철과 사금을 의미했다. 그리고 '지'는 귀인·왕·신·남자를 뜻한 옛말이다. 결국 김알지란 '무쇠알의 귀인', '사철의 왕'이라는 뜻이다. 김알지도 제철왕이었던 것이다. 자줏빛 구름띠로 드리워진 금궤 안에서 탄생했다는 설정 자체가, 북방에서 내려온 지체 높은 제철 우두머리였음을 암시한다.

그러나 알지는 좌절했다. 외세가 그에게 불리했고 여섯 마을의 장로

들이 모두 박씨 편을 들었기 때문이다. 애초 박씨를 옹립했던 촌장들은 박씨를 밀어낸 석탈해와 함께 김알지까지 쓸어버리는 데 성공한 셈이다. 하지만 김씨 가문은 꾸준히 세력을 키웠고 7대 자손 때에 이르러 드디어 왕위를 차지한다. 그가 바로 명왕으로 일컬어진 신라 13대 미추味鄒왕이다.

권력의 근원이었던 무쇠는 권력 싸움의 근원이기도 했다.

우리말에서 간 일본어 ————————————————————

우리 옛말 '알지'와 일본어 '아르지あるじ'

우리말 '알'은 달걀 등 동물의 알 따위를 뜻하는데 '진짜', '본질', '가장 가치 있는 것'을 가리키기도 했다. 고대에는 '가장 소중한 알갱이'의 뜻으로 사철과 사금을 알이라 부르기도 했다. '지'는 '신', '왕', '귀인', '남자'를 뜻하는 우리 옛말이다. 알과 지가 합쳐져 제철 집단의 우두머리 또는 사철왕을 가리키는 존칭 '알지'가 되었다. 또 이 '알지'가 일본에 가서 한 집안의 우두머리, 주인, 가장을 뜻하는 일본말 '아르지あるじ'로 바뀌었다.

한편 '알'은 태어나다·나타나다를 의미하는 일본 옛말 '아루ある'로도 변했다. 신이나 임금 등 가장 존귀한 존재가 태어나거나 나타날 때 쓰인 말이다.

신라 제22대 지증왕智證王(재위 500∼514)의 이름은 지도로智度路·至都盧
인데 지대로智大路, 지철로智哲老라고도 했다. 이름이라 하기보다는 차라
리 별명이라 해야 할 것이다. '지'는 임금·귀인·남자·남근男根을 가리키
는 우리 옛말 '치'와 같은 말이다. '도'는 '달라'는 뜻의 신라말로 요즘
의 경상도 사투리다. '로'도 역시 신라말이다. 요즘의 '하라', '달라'의
'……라'에 해당되는 옛말이다. 따라서 '도로'는 '달라'의 신라말임을
알 수 있다. 지도로란 '임금 달라'·'임금 다오'의 뜻이다.

임금 다오. 이는 예사로운 말이 아니다. '(나에게) 임금을 다오'라는
말은 왕이 아닌 자가 왕의 목숨을 달라는 것이거나 왕의 자리를 나에게
달라고 주장하는 것이 아니겠는가. 어느 쪽이든 임금의 자리를 노리는
의미임에 틀림없다.

지증왕은 쿠데타로 정권을 잡은 왕인가. 신라 21대 소지왕炤知王(재위
479~500)과 22대 지증왕은 육촌 형제간이다. 소지왕에게 자손이 없어
지증왕이 왕위를 이은 것인데 선왕이 20년간 왕권을 누린 뒤 64세가 되
어서야 지증왕은 간신히 즉위했다. 그동안 지증왕은 내내 '임금 대리'로
나라 안팎의 일을 도맡고 있었다. 이러한 임금 대리 또는 임금 보좌역을
갈문왕葛文王이라 했다. 임금이 해야 할 일을 대신 갈무리하는 사람이라
해서 이같이 부른 것이다.

4세기부터 왜는 계속 침략의 기회를 노려 왔고 고구려의 압박도 만만
치 않았다. 어려운 상황 속에서 왕 대리를 맡고 있었던 지도로 갈문왕은
이제 그만 왕이 되게 해 달라고 외치고 싶었을 것이다. '지도로'란 이름
은 이런 처지에 있던 지증에게 붙여진 별명이었을 것으로 여겨진다. 그
의 측근이나 세상 사람들이 동정을 담아 붙인 애칭이었다고나 할까.

또 하나의 이름 '지대로'는 더욱 재미있다. '지'는 남근을 뜻하며
'대'는 '대나'·'비교하나'를 가리키는 말이나. '로'는 '해라'의 '라'이
다. 지대로는 '남근 대라(남근을 대보라)'라는 뜻의 또다른 별명이다.『삼
국유사』에 의하면 지증왕은 남근의 길이가 한 자 다섯 치나 되었다고 한
다. 그래서 그에 걸맞은 배필을 얻기가 어려웠던 탓에 장가도 간신히
늦장가를 갔다. 전국을 뒤져 거인 아가씨를 어렵사리 찾아내 비로소 혼
인할 수 있었다는 것이다. 지대로는 이런 사정으로 마땅한 배필을 얻지

못했던 지증왕을 안타깝게 여긴 백성들이 지은 애칭이라 할 수 있다.

지철로는 지대로와 흡사한 별명이다. '철哲'의 옛말은 '텰'이다. 통상 '텔'이라고도 했다. 지철로는 '지텰로'이고 흔히 '지테로'라 읽었다. 지증왕의 애칭인 지대로를 표기한 호자好字가 한자의 '지철로智哲老'였다고 할 수 있다. 늙어서 즉위한 왕에게 경의를 표해 바친 이름일 것이다.

지증은 새로운 사고로 행정을 과감하게 혁신한 왕이었다. 죽은 사람과 함께 산 사람을 묻는 순장 제도를 없애고 상복 입는 법도 새로 제정했다. 소를 밭갈이에 쓰는 우경법을 받아들여 농사일을 혁신했으며 '사라'·'사로'·'시라' 등 여러가지로 불린 나라 이름을 '신라'로 통일한 것도 지증왕이다. '사'·'시'는 무쇠의 옛말이요, '라'·'로'는 나라의 옛말이다. 따라서 '사라'·'사로'와 '시라'는 모두 '무쇠 나라'의 뜻인데 이 '시라'를 '신라新羅'라는 한자로 표현한 지증왕의 감각이 돋보인다. '무쇠 나라'를 보다 새롭게 강화·발전시키려 한 왕의 의지가 이 이름에 엿보이기 때문이다.

신라는 4~5세기 내내 외적의 침입으로 기를 펴지 못했다. 지증왕은 나라 안 열두 군데에 성을 축조하여 외적의 침입에 대비했고 군주軍主라는 군정관을 두어 군을 기능적으로 통치했다. 울릉도를 쳐서 신라 산하로 편입시킨 것도 지증왕이었다.

그동안 왜는 무쇠를 훔치기 위해 극성스레 신라를 넘나들었다. 반제품인 덩이쇠를 노략질했고 완제품인 무기와 농기구 등 철기를 쓸어 갔을 뿐 아니라 제철 및 철기 제조 기술자까지 납치했다. 왜병은 346년에 신라의 금성金城을 에워싸 노략질한 후 364년과 393년에도 침입했다. 또한 405년에는 경주 명활성明活城으로 쳐들어왔고 407년에는 신라 동쪽과 남쪽 지방을 침범하여 100여 명을 납치해 갔다. 459년에는 월성 왕궁까지 포위되는 사태가 벌어지기도 했다.

이 같은 대규모 침공이 잇따랐으나 지증왕이 즉위한 500년 11월부터 침략은 자취를 감추게 된다. 12개의 성을 쌓고 군비를 강화한 지증왕의 국방책이 효험을 거둔 것인가. 아니면 6세기 초에 이르러 왜에도 무쇠가 생산되기 시작하여 위험을 무릅쓰고 신라까지 노략질하러 오지 않아도 일본산 무쇠로 어지간히 수요를 충당할 수 있게 되었던 것인가.

어떻든 국방을 울타리로 삼은 지증왕의 제철입국製鐵立國 방책은 철저했다. 영일냉수리신라비迎日冷水里新羅碑 공문에 보이듯 제철터의 사철 채취권자를 중앙정부가 임명하고 있었다는 사실에서 그것을 짐작할 수 있다.

이 비석의 공문을 통해 또 한가지 밝혀진 일은 즉위한 지 3년이 지나도록 지증왕은 갈문왕이라 불리고 있었다는 사실이다. 앞에서도 밝힌 바와 같이 갈문왕이란 왕이 아닌 왕의 측근에게 주어진 호칭이다. 그렇다면 지증왕은 신라비가 새겨진 당시까지 신라왕으로 인정받지 못했다는 얘기가 된다.

그의 즉위는 역시 쿠데타 냄새가 난다. 지증왕의 선대先代 소지왕은 지증왕에 의해 암살된 것이 아닐까. '시도로'라는 희한한 이름이 이를 뒷받침한다.

지증왕을 둘러싼 또 하나의 의문은 체격에 관한 것이다.『삼국유사』에 의하면 지증왕은 거대한 남근 때문에 키가 일곱 자 다섯 치나 되는 거인 아가씨와 혼인했다고 한다. 왕비 키가 일곱 자 다섯 치라면 왕의 키는 대체 얼마나 되었을까. 요즘 한 자의 길이는 약 30.3cm지만 고대의 한자 길이는 시대와 사물에 따라 기준이 달라 가늠하기 어렵다. 통일신라 때 지어진 석굴암 축조에 쓰인 한 자는 29.706cm요, 불국사 다보탑을 짓는 데 쓰인 한 자는 35.52cm이다. 그런가 하면 서울 방이동 백제 고분에 쓰인 한 자는 23.25cm다. 지증왕 대의 한 자가 과연 요즘의 몇 cm에 해당되는지 알 수는 없으나 어떻든 이 임금이 엄청난 거인이요, 남근도 엄청나게 컸던 것만은 분명하다.

유독 지증왕과 왕비만이 이 같은 거인이고 나머지 신라인 중에 그들과 같은 거인은 전혀 없었을까.

지증왕은 김알지金閼智의 후손이다. 제철 등 금속 제련 기술을 가지고 김알지가 북방에서 남하해 온 것은 1세기 때의 일이니 금관가야 등 가야의 여섯 왕과 더불어 한반도 남동부에 밀어닥친 세력 중 한 집단은 김알지를 우두머리로 한 무리인지도 모른다. 당시의 한반도 남동부는 풍요한 제철터로 주변국의 주목을 받았다.

『삼국유사』「가락국기」에는 금관가야의 수로왕首露王 등 여섯 왕 역시 키 아홉 자의 거인으로 나온다. '구척 장사九尺壯士'란 크고 우람한 체격의 남자를 가리키는 수식어지만 여섯 가야왕의 '구척'이란 표현은 지증왕의 남근이 한 자 다섯 치라는 것과 더불어 수식어 이상의 강한 현실감을 느끼게 한다. 우람한 체격의 어느 북방 기마 민족의 피가 김씨계 신라인과 가야 사람들의 핏줄에 흐르고 있던 것은 아닐까.

1973년 봄, 지증왕의 무덤이라 추정되는 경주의 155호분 천마총을 발굴하자 눈부신 금관을 비롯한 금은 장식품과 각종 철제 무기 및 마구, 유리 그릇 등 총 1만 1,526점의 유물이 출토되어 세상을 놀라게 했다. 그중에서도 가장 주목을 끈 것은 흰 자작나무 껍질을 겹쳐 누벼 만든 말

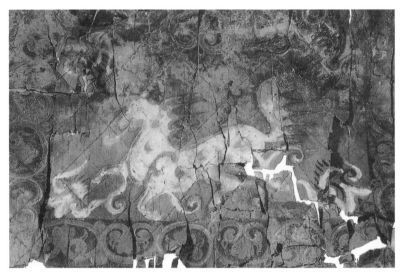

천마총에서 출토된 천마도. 흰 자작나무 껍질에 하늘을 달리는 하얀 말을 그렸다. 국립중앙박물관 소장.

다래였다. 말다래란 말 탄 사람 발에 흙이 튀지 않도록 말 등에 걸치는 가리개다. 거기에는 하늘을 달리는 하얀 말 '천마天馬'가 선명히 그려져 있고 말을 타고 힘차게 달리는 인물의 모습도 있었다.

그동안 고구려의 옛 땅에서 고분 벽화가 적잖이 출토되었지만 벽화가 아닌 그림이 발굴된 것은 처음이었다. 고대 미술사는 물론 우리나라 문화사를 다시 써야 할 대사건이었다. 경주 155호분을 천마총이리 부르게 된 것은 이 때문이다.

백화白樺라고도 불리는 흰 자작나무는 시베리아에서 남부 러시아에 걸쳐 자라는 북방의 나무다. 자작나무 껍질은 초원지대에 사는 민족이 즐겨 만드는 민예품의 소재였다.

말다래에 그려진 하얀 천마의 몸통에는 군데군데 초승달 무늬가 있다다. 초승달 무늬는 스키타이를 비롯한 제철·기마 민족이 숭상하던 문양이다. 초승달 모양으로 굽은 강변에 사철이 많기 때문에 초승달 무늬는 곧 사철이 많이 나는 지대를 상징한다.

천마총은 고구려식도 백제식도 중국식도 아닌 독특한 적석 목곽분積石木槨墳 양식으로 축조되었다. 스키타이족 특유의 무덤 양식이다. 스키타이족은 기원전 6세기에서 기원전 3세기에 걸쳐 흑해黑海 북쪽 기슭의 초원지대에 강대한 유목 국가를 건설한 민족으로 뛰어난 제철 및 각종 금속 제조기술을 지니고 있었다. 흔히 '흉노匈奴'라는 이름으로 역사책에 등장하는 북방 유목민은 기원전 3세기에서 기원후 5세기에 걸쳐 중국을 위협한 기마 민족인데 이들 또한 스키타이의 무덤 양식과 같은 적석 목곽분 축조법을 따른다.

무덤은 자손 대대로 어김없이 전해지는 가장 보수적인 상징물이다. 신라는 고구려나 백제와도 다르고 중국과는 더더욱 다른 무덤 축조 양식을 지니고 있다. 북방 초원지방의 기마민족과 흡사한 양식으로 무덤을 만들어 왔던 신라인의 루트는 역시 북방으로 이어지는 것인가.

이와 관련한 흥미로운 추리가 있다. 신라의 김씨 왕조는 흉노계 선비鮮卑족 기마군단이 정복하여 세운 정권이라는 전 KBS 기자 장한식 씨의 주장이다.

342년 겨울 '반半흉노'의 일파인 선비족은 5만 5,000명의 군대를 이끌고 고구려를 공격한다. 험준한 남쪽 길에는 4만 명을, 평탄한 북쪽 길에는 1만 5,000명을 투입한다. 고구려는 수비 병력의 전부를 북쪽 길에 배치하여 선비군을 막았다. 결국 고구려는 대패했지만 선비군도 전멸했다. 그러나 남쪽 길로 향했던 선비군의 일부가 신라로 들어가 김씨 왕조

천마총에서 출토된 금모. 국보 189호. 국립경주박
물관 소장.

의 버팀목이 되었다는 설이다.

김씨 왕조의 조상 김알지가 신라 계림鷄林에 나타난 것은 탈해왕 4년(서기 60년)이지만 그는 끝내 왕위에 오르지 못하고 그 7대손인 미추왕味鄒王(재위 262~284년)에 이르러 비로소 왕권을 차지하게 된다. 그가 13대 신라왕이다.

그러나 14·15·16대의 왕위는 전 정권 문중으로 되돌아간다. 그리고 17대 내물왕奈勿王(재위 356~402) 때에 이르러서야 왕권은 김씨 수중으로 온전히 들어오게 되는데, 이때가 바로 선비족이 신라로 유입했다는 4세기 중반이다.

신라 김씨 왕조 사람들의 혈관에는 우람한 흉노의 피가 섞여 지증왕과 같은 거인을 돌연변이로 태어나게 한 것일까.

우리말에서 간 일본어

우리말 '말'과 일본어 '우마うま'

'웃말'은 좋은 말馬을 가리키는 우리 옛말이다. 이 말이 일본에 전해져 '우마うま'라는 일본어가 되었다. '웃말'에서 받침이 모두 사라져 '우마'라는 일본어가 된 것이다. 한편 좋은 소를 가리키는 우리 옛말 '웃시(웃쇠라고도 했다)'는 소를 뜻하는 일본어 '우시うし'로 변했다.

신라에는 미인이 많았다. '수로水路부인'은 특히 그 빼어난 미모로 여러 차례 유괴사건에 휘말려 『삼국유사』에까지 오른 유명한 미인이다. 수로 부인은 신라 제33대 성덕왕聖德王(재위 702~737) 때의 강릉 태수太守인 순정공純貞公의 부인이다.

당시 하슬라何瑟羅라고 불린 강릉 일대는 신라의 북녘 변방으로, 그곳 장정 2,000명을 동원하여 국경에 긴 성을 쌓았다고 하니(721년) 순정공 은 산성 축조 공사의 총지휘관을 겸하고 있었을 것이다. 또한 조선시대

경주 석굴암의 십일면관음보살상. 풍만한
신라 여인의 얼굴을 떠올리게 한다.

의 인문지리서 『신증동국여지승람』
에 '이 지역은 본래 예국濊國 땅이었
으며 철국鐵國이라고도 불렸다'는 기
술이 있다. 이 고장에서 무쇠가 많이
산출되었던 것이다. 이 책에는 또 인
근의 삼척과 양양에서도 철광석이
난다고 쓰여 있다. 강릉 태수 순정공
은 이 무쇠터에서 제철을 감독·독려
한 책임자이기도 했을 것이다.

그는 이같이 막강한 권한을 지닌
지방 장관이었지만 아내에겐 약했
다. 남편과 함께 임지로 가는 길에
미모의 아내는 외간 남자들에게 여
러 차례 납치되었다 되돌아오곤 했
지만 오히려 당당하고 선선한 그녀
에게 순정공은 찍소리 한번 내지 못
했다.

하루는 바닷가에서 점심을 들고 있는데 용이 들이닥쳐 아내를 훔쳐
가 버렸다. 순정공이 땅에 넘어져 허둥대고 있을 때 한 노인이 나타나
말했다.

"여러 사람의 말은 무쇠도 녹인다 했습니다. 마을 백성들을 모아 물가
언덕을 치며 노래 부르도록 하시오. 용도 부인을 내놓지 않고는 못 배길
것입니다."

시킨 대로 했더니 용은 과연 바다 속에서 부인을 받들고 나왔다. 이때 부른 노래를 「해가海歌」라 한다.

거북아 거북아 부인을 내놓아라. 남의 부인 앗아간 죄 얼마나 크리. 만약 내놓지 않으면 그물로 잡아 구워 먹으리.

이때 언덕을 지팡이로 치게 한 까닭은 무엇일까. '언덕' 또는 '둑'의 신라말은 '도게'·'도가'다. 이는 '다오'라는 뜻의 신라말 '도게'·'도가'와 소리가 같다. 요즘의 경상도 사투리 '밥 도가'도 '밥 다오'의 뜻이다. 마을 사람들은 언덕, 즉 도가·도게를 지팡이로 세게 치면서 수로부인을 '도가!'·'도게!', 즉 '다오!'라고 강조했던 것이다.

이는 신라 제4대 왕 석탈해의 우리 옛말 이름이 예토게였다는 사실과 연관된다. 순정공의 임지인 강릉은 원래 예국의 영토였고 석탈해, 즉 예토게는 예국 출신자였다. 당시 예국은 신라에 평정되어 나라를 잃은지 오래였으나 높은 제철 기술을 지닌 '철국' 백성이라는 자존심은 잃지 않아서 순정공의 부임에 저항하여 동해 앞바다에 배를 띄워두고 부인 납치극을 벌였던 것이다. 신라인들은 바다와 항해술에 강했던 예 사람을 흔히 '용'이라 표현한 것으로 보인다. 용은 물을 지배하는 상상의 동물이다.

강 언덕, 즉 도게를 지팡이로 친 것은 신라왕까지 지낸 그들의 조상 예토게를 치는 것이나 다름이 없다. 수로부인을 내놓지 않는 한 너희 조상 예토게도 계속 내리침을 받을 것이라는 엄포다. 이렇게 해서 부인은 되돌아왔다.

7세기 신라 여인의 모습을 본뜬 얼굴 무늬 수막새. 지름 14cm. 경주 영묘사 터 출토. 국립경주박물관 소장.

그런데 이 미인을 왜 '수로水路'라 불렀을까. 강릉 태수였던 남편을 따라나선 부임길이 동해 바닷가의 '물길'이었으므로 물길이라는 뜻의 한자 '수로水路'를 이름으로 삼았을 것이라는 설이 있다. 그러나 이 이름에는 좀 더 깊은 사연이 있다. 이야기는 1세기 때로 거슬러 올라간다. 금관가야의 시조 김수로왕 일행이 처음 김해에 등장했을 때의 일이다.

마을 사람들이 구지봉龜旨峯이라는 언덕에 올라가 노래를 부르고 춤을 추자 하늘에서 자줏빛 줄이 드리워졌고 그 줄에 매달려 온 금합을 열어 보니 황금 알 여섯 개가 들어 있었다. 마을 어른 집에 가져가 모셨더니 황금 알은 열두 시간 후에 각기 잘생긴 어린이가 되었고 열흘 후엔 9척 장사가 되었다. 그중의 하나가 가락국, 즉 금관가야의 시조 김수로고 나머지 다섯 장사도 각각 다섯 가야국의 왕이 되었다. 이것이 『삼국유사』 「가락국기」에 실려 있는 건국 신화다.

묘한 사실 두 가지가 이 대목에서 일치된다. 첫째는 김수로왕과 수로부인의 이름 '수로'가 같다는 점이다. 둘째는 김수로왕이 나타나기 전 마을 사람들이 부른 노래와 수로부인이 납치되었을 때 마을 사람들이 부른 노래가 똑같이 거북을 으르는 노래라는 점이다.

'수로'는 가장 높은 사람을 뜻하는 이름이다. 한자 '수로首露'를 이두로 풀면 '말로'(발음은 '몰로'에 가깝다)라 읽히는데 '말로'란 '우두머리'·'으뜸의 사람'을 가리키는 옛말이다. 한편 물은 신라말로 '몰'이다. 따라서 한자 '수로水路'도 이두로 '몰로'라 읽힌다.

수로부인은 아름답기로 으뜸가는 여인이란 뜻으로 '말로'라 불렸을 것이다. 그런데 남편을 따라 동해안 '물길'을 가다가 유괴되는 등 사건이 많았던 탓으로 '말로'와 흡사한 소리인 '몰로', 즉 '물길'이라는 별명으로 불리게 된 것은 아닐까.

수로왕과 관련된 거북 노래의 가사를 약간 바꾸어 부인을 구출하는 '해가'를 지어 부르게 한 것도 수로왕과 수로부인의 이름이 같았기 때문일 것이다.

우리말에서 간 일본어

우리말 '바다'와 일본어 '와다わだ'

바다의 옛말은 '바랄'이다. 따라서 '바다'는 현대어이고 옛말이 아니라고들 한다. 그러나 옛날에도 '바다'라는 말을 썼다. 이 '바다'가 일찍이 일본에 건너가 일본 옛말 '와다わだ', '와타わた'가 된 것이다.

또한 우리말 '바다'는 '물 위를 이쪽에서 저쪽으로 건너가게 한다'는 뜻의 일본어 '와타스わたす'의 어원이기도 하다.

한편 '우미うみ'라는 현대 일본어의 어원은 '으뜸가는(최고의) 물'을 뜻하는 우리 옛말 '웃미'이다. 바다란 분명히 이 세상에서 가장 크고 으뜸가는 물이다. 어원을 통해 낱말의 개념을 뚜렷하게 볼 수 있다.

신라 최고의 미인 주변에는 사건도 많았다. 순정공이 강릉 태수로 부임하는 길에 점심 때가 되어 식사를 하는데 수로부인이 말했다.

"저 꽃을 꺾어다 내게 줄 사람은 없는가."

수로부인이 가리키는 높다란 바위 봉우리에는 철쭉꽃이 흐드러지게 피어 있었다. 바닷가 길을 병풍처럼 에워싼 낭떠러지 산꼭대기였다.

"거기는 사람이 갈 수 없는 곳입니다."

한 신하가 고개를 저었고 따로 나서는 이도 없었다. 그런데 때마침 소를 끌며 지나가던 한 노인이 이 말을 들었다. 그는 대뜸 벼랑에 올라 꽃을 꺾어와 스스로 지은 노래까지 곁들여 수로부인에게 바쳤다. 이 노래가 유명한 「노인헌화가老人獻花歌」로 『삼국유사』에 실려 있는 신라 향가鄕歌 14수 중 하나다. 이 가사를 요즘 말로 고치면 다음과 같다.

자줏빛 바윗가에 잡은 손
어미소 놓게 하시고
나를 부끄러워하지 않으시거든
꽃을 꺾어 바치오리다

신라 향가란 신라 사람들이 지은 우리말 가사를 한자로 표기한 이두체吏讀體 노래다. 이 신라 향가와 같은 표기방식으로 쓰여진 노래가 7~8세기의 일본에도 있었다. 『만엽집萬葉集』이라는 가사집에 수록되어 있는 4,516수의 노래가 그것이다. 이들 가운데는 이중가二重歌가 많다. 겉보기는 사랑이나 성, 풍경 또는 의식 등에 관한 노래지만 속내는 정치 음모나 체제를 비판한 것이 수두룩하다. 이중 의미의 노래인 것이다.

한자에는 음독音讀과 훈독訓讀 두 가지 읽음새가 있다. 가령 '신新' 자만 해도 음독으로 읽으면 '신'이지만 훈독으로 읽으면 '새'다. 이같이 두 가지 읽음새가 있는 한자의 특성을 활용하여 하나의 글자로 두 가지 뜻을 나타내는 방식의 노래가 이중가다.

부분적이기는 하지만 「노인헌화가」에도 이 같은 이중적 읊음새가 보인다. 겉보기는 '끌고 온 암소를 놓아두고 꽃을 꺾어 바치겠다'는 점잖은 노래지만 속내는 영 딴판이다. '끌고 온 무쇠를 놓아두고 내 남근을

신라 대방광불화엄경에 그려진 변상도變相圖. 자줏빛 종이에 금은 니金銀泥로 그린 화려한 그림으로 신라 미인의 모습을 짐작해볼 수 있다. 국보 196호. 삼성미술관 리움 소장.

바치겠다'는 아주 야한 노래가 드러나는 것이다.

도대체 이 노인은 누구인가. 장정들도 감히 오르지 못한 산벼랑에서 철쭉꽃을 거뜬히 꺾어 온 늙은이. 끌고 온 무쇠를 놓아둔 채 수로부인에게 나를 바치겠다고 노래 부른 야한 지식인. 그는 당시 어디서 무엇을 하던 누구인가. 이것은 '노인헌화가'가 우리에게 던지는 최대의 의문점이다.

노래를 풀어 미스터리에 접근해 보자. 먼저 원문 한자와 독음 및 해독문을 소개한다.

紫布岩乎過希(자포암호과희)   지배 바위 가에

執音乎手(집음호수)   잡은 손

母牛放敎遣(모우방교견)　　　　어미소 놓이시고

吾肹不喻慚肹伊賜等(오혜불유참혜이사등)　　나를 부끄러워 않으시거든

花肹折叱可(화혜절질가)　　　　꽃을 꺾어

獻乎理音如(헌호리음여)　　　　바치오리다.

　1행의 자포紫布는 자줏빛의 옛말인 '지배'('질배'·'짓배'라고도 했음)의 이두 표기다. 암호岩乎는 '바오('바고'라고도 했음)'로 바위의 옛말이다. 따라서 자포암호과희紫布岩乎過希는 '자줏빛 바위 가에'로 해석되지만 이것은 겉뜻이요, 속뜻은 '진(물끼 흥건한) 배 박아 가이'가 된다. 수로부인과 성관계를 맺고 가겠다는 뜻이다. 첫마디부터 노래는 무엄하고 야하기 짝이 없다.

　그럼 3행의 첫 단어 모우母牛를 풀어 보자. '우牛'의 훈독은 '소'로 요즘 말인 동시에 옛말이다. 소는 또 옛말로 '쇼'·'시'라고도 불렸다. 그런데 이 '소'·'쇼'·'시'는 모두 무쇠를 뜻하는 우리 옛말이다. 그럼 '모우母牛'는 무엇을 뜻한 낱말일까. 겉뜻은 글자 그대로 '어미 소'지만 속뜻은 '강철鋼鐵'이다. 고대 제철의 경우 진흙으로 빚은 고로에 목탄을 지피고 그 위에 사흘 밤낮으로 사철 뿌리기 작업을 하여 강철을 얻었다. 이렇게 해서 얻은 강철을 고대어로 '캐라'('깨트려 쓰는 것'의 뜻)라 불렀고, 어미 모母자가 들어간 '무쇠'로 표기했다. 강철은 가장 빼어난 무쇠였고 우수한 철기의 모태였기 때문일 것이다.

　'모우母牛'는 어미 소인 동시에 '어미와 같은 강철'을 뜻하는 이중어二重語였다. 수로부인 앞에 나타난 노인은 아마도 강철 제조 지휘자나 강철 제조용 철광석 광맥을 찾아 산을 헤매는 무쇠 찾기 전문가였을 가능

성이 크다. '광맥 찾기꾼'에게 산벼랑 타기란 그야말로 누워서 떡 먹기가 아니겠는가.

강릉으로 가는 동해 바닷가 일대는 무쇠 산지였고 일찍이 철국鐵國이라고도 불린 예濊의 영토였다. 이 무쇠꾼 노인도 예나라의 후손이었을 가능성이 대단히 높다.

끝으로 5행의 '화花' 대목을 풀어 보자. 꽃의 옛말은 '곳'이다. 들에 피어 있는 아름다운 꽃은 모름지기 '꺾어서' 병이나 머리에 꽂아 장식으로 삼는 것이라는 고대인의 인식에서 붙여진 이름이다. '꽂다'의 옛말은 '곳다'였다. 그런데 남근의 옛말도 '곳'이다. 성행위 하는 것, 즉 꽂는 것이 남근이라는 뜻에서 이같이 불린 것이다. '치'·'지'도 남근을 가리킨 옛말이지만 이 말에는 '남성의 상징'으로서의 의미가 있고, '곳'은 '성행위 도구'의 의미로 쓰인 낱말이다.

한편 '곳'이라는 말에는 '칼을 꽂다', 즉 '살인'의 뜻도 있다. 따라서 「노인헌화가」에서 노인이 '곳을 꺾어 바치오리다' 하고 말한 것은 '살의殺意를 꺾겠다'는 뜻도 된다. 노인은 애초에 수로부인을 해치려 했는데 죽이지 않기로 했다는 얘기가 된다. 만나 보니 너무나 아름다워 죽일 뜻을 접었다는 것인가.

지체 높은 신라 고관의 부인을 해치려 한 이 노인은 누구인가. 왜 그래야만 했던 것일까. 이와 관련된 이야기가 일본 역사에 등장하는 '에노우바소크'와 연결된다.

7세기 일본에는 신기한 힘을 지닌 이상한 사나이가 있었다. 땅 위를 가듯 바다를 걸어다녔고 천 길 산벼랑을 새처럼 날아다니기도 했다. 등나무 껍질로 만든 옷을 입고 솔잎을 양식 삼아 마흔 살이 넘도록 산중의 굴에서 지냈다. 등나무와 소나무는 고대 제철의 상징이었다. 등나무 껍질로 만든 바구니는 사철을 걸러내는 도구였고 소나무는 숯으로 만들어 무쇠를 불리는 데 썼기 때문이다.

한편 그 사나이는 귀신을 자유자재로 부려 갖은 신통력을 발휘하기도 했다. 그의 이름은 엔노교자役行者. 에노우바소크役優婆塞라고도 했고 가무노에노기미賀武役君라고도 불렸다. '에' 또는 '엔'은 한자 '역役'자로 표현되나 이것은 우리 고대 부족국가의 하나인 예濊를 가리키는 말이다. '교자'는 도교나 불교의 수도자修道者를 뜻한다. '우바소크'도 '우파

5~6세기에 만들어진 신라 상감 옥 목걸이의 유리 구슬에는 서구적인 얼굴을 연상케 하는 미인의 모습이 새겨져 있다. 국립경주박물관 소장.

사카'라는 범어梵語가 일본어화된 낱말로 불교 신자를 의미한다. 그는 큰 절 여러 개를 세운 독실한 불교신자였다.

그런데 이 '우바소크'엔 또 하나의 뜻이 감춰져 있다. '우파('엎어'의 옛말), 소(무쇠의 옛말), 크('굽다'의 어간 '굽'의 옛 소리)'이다. 무쇠를 불에 구워 여러 번 엎어서 두드리는 일, 즉 단철鍛鐵 제조 과정을 나타낸 말이다. 이 이름으로 에노우바소크는 단철 기술자였거나 제철왕이었음

을 짐작할 수 있다.

'가무' 란 이름도 무쇠 갈기, 즉 철기 만들기를 가리키는 말인데 '가모' 라고도 불렸다. '기미' 는 귀인을 뜻한 일본말이요, 고위 관리를 가리킨 우리 옛말이기도 하다. 『일본서기』에는 642년에 백제의 내좌평內佐平 기미岐味가 '섬' (일본을 지칭)으로 추방됐다는 기록이 있다. 좌평은 백제 최고위 관직이다. 따라서 '가무노에노기미' 는 '철기를 만드는 귀인' 이란 뜻임이 드러난다.

그는 왜왕 자리를 노린다는 모략을 받았다. 즉각 체포령이 내려지고 관군이 들이닥쳤으나 신통술에 능한 그는 번번이 감쪽같이 달아났다. 도저히 잡을 수 없다고 생각한 관군은 그의 어머니를 잡았다. 자기 대신 어머니가 잡혀갔다는 소문에 그는 즉각 자수하여 이즈伊豆섬에 유배되었다.

그러다 모함이 증명되어 3년 후 석방된다. 42세 때인 701년이었다고 한다(32세 때라는 설도 있다). 그는 그 후 왜왕 가까이에 있더니 신선神仙이 되어 하늘로 날아갔다고 전해진다. 하늘로 날아간 것이 아니라 당唐('가라' 라 발음함)나라로 갔다는 얘기도 있다. '토라메' 라는 이름의 그의 어머니는 그가 옥에 갇혀 있는 사이에 죽는다. 그는 석방되자 어머니의 유골을 무쇠함에 담아 가라(唐)로 떠났다고 한다. 그런데 일본의 옛 기록에 나오는 '가라(唐)' 는 당나라가 아니고 가락국駕洛國 및 넓은 의미에서의 고대 한국을 지칭하는 경우가 많다.

에노우바소크는 신라에 왔던 것으로 추측된다. 신라 효소왕이 죽고 성덕왕이 즉위한 것은 702년이다. 『삼국사기』에는 효소왕에게 아들이 없어 동생 성덕왕이 뒤를 이은 것으로 나온다. 에노우바소크가 신라에

온 것도 이 무렵으로 보인다. 따라서 일본 학자중에는 에노우바소크가 신라에 와서 성덕왕이 되었다고 주장하는 이도 있다. 우바소크는 친당파였고 성덕왕도 친당 외교책을 편 것이 사실이다. 그러나 우바소크는 조상의 땅 예로 돌아가기 위해 신라에 온 것으로 보인다. 당시 강릉 일대의 예국 땅은 신라에 귀속되어 있었기 때문에 신라로 간 것은 바로 예로 간 것이나 매한가지였다.

우바소크의 어머니 '토라메'의 이름을 한자로 표기하면 '호녀虎女', 즉 '호랑이 여인'이다. 예국 사람들은 호랑이를 신앙의 대상으로 삼았다. 우바소크의 어머니 토라메는 예 출신의 고위급 여성이었고 제철터의 제사를 관장하는 여자 제사장祭祀長이었을 가능성이 높다. 우바소크에게는 어머니의 뼈를 고국땅에 묻는 한편 이곳에 아직 살고 있던 예의 무쇠 장인들을 돌보려는 생각이 있었는지도 모른다. 그가 바로 신라 미인 수로水路에게 철쭉꽃과 함께 노래를 바친 노인이다.

「노인헌화가」가 지어진 것은 737년으로 보인다. 이것이 사실이라면 이 무렵 우바소크는 78세 또는 68세의 그야말로 '노인'이다. 그러나 천길 벼랑 위에 피어 있는 철쭉꽃을 꺾어 오는 일 쯤이야 식은 죽 먹기였을 것이다. 무쇠가 나는 산을 두루 찾아다닌 옛 무쇠꾼들은 1,000일에 걸친 철저한 산 타기 훈련을 받는다. 요즘의 산악인 못지 않았다. 이 훈련을 수험도修驗道라 불렀다. 우바소크는 수험도의 달인이었다.

수로부인은 지금의 경주인 신라 도읍 서라벌에서 남편의 부임지 강릉으로 가기까지 여러 차례 납치당했다. 『삼국유사』에는 용에게 잡혀 바다로 간 것을 비롯하여 깊은 산중이나 큰 못가 등에서 신물神物에게 매번 잡혀가곤 했다고 나온다. 그러나 그때마다 무사히 되돌아왔다.

수로부인은 용에게 유괴되었다 돌아왔을 때 그곳이 어땠느냐는 남편 물음에 선선하게 대답했다.

"눈부신 칠보七寶궁전에 음식은 맛있고 향기롭고 깨끗하여 도무지 인간 세상같지 않았습니다."

납치됐다고는 하나 극진한 대접을 받은 것이다.

이 납치 사건은 모두 에노우바소크가 펼친 전략적 연출이 아니었을까. 강릉 태수로 부임한 순정공에게 '예는 살아 있다. 예의 무쇠잡이와 무쇠터를 건드리면 가만 두지 않겠다'고 하는 경고였을 것이다.

우리말에서 간 일본어

우리말 '호랑이'와 일본어 '도라とぅ'

호랑이의 일본어는 '도라とぅ'다. 돌아다닌다는 뜻의 우리 옛말 '도라'가 어원이다. 호랑이에게는 자신의 영역을 끊임없이 돌아다니며 침입자가 없는지 순시巡視하는 습성이 있다. 그래서 돌아다니는 짐승이란 뜻으로 '도라'라 불렀고 이 말이 일본으로 전해진 것이다.

'호랑이가 된다'는 의미의 일본어 '도라니나르とぅになる'는 술에 만취되었다는 표현으로 쓰이는데, 술에 취하면 머리가 빙 돈다는 데에서 생긴 비유다.

『삼국유사』에는 백제 제30대 무왕武王(재위 600~641)과 신라 제26대 진평왕眞平王(재위 579~632)의 딸 선화善花공주에 관한 동화 같은 얘기가 전해진다.

무왕의 이름은 장璋이다. 그의 어머니는 과부로 백제의 수도 남쪽 못가에 집을 짓고 살았는데, 못 속의 용과 관계하여 장을 낳았다. 장의 어릴 때 이름은 '서동薯童('맛동'이라 불렸다고도 함)'이다. 마薯를 캐서 파는 것을 생업으로 삼고 있었기 때문이다. 서동은 어려서부터 재주와 도량이 헤아리기 어려울 만큼 컸다.

서동은 신라 진평왕의 셋째 공주 선화가 뛰어나게 아름답다는 말을 듣고 머리를 깎아 변장하여 신라의 수도 서라벌로 갔다. 그곳 아이들에게 마를 나눠주고 친해진 다음 노래를 지어 부르게 했다.

"선화 공주님은 남몰래 시집 가 놓고 서동방을 밤에 몰래 안고 간다."

노래는 온 장안에 퍼지고 결국 대궐 안까지 들렸다. 노래를 듣고 펄쩍 띈 대궐 관리들은 임금에게 아뢰어 공주를 멀리 귀양 보냈다. 어머니인 왕후는 공주를 귀양 보내며 순금 한 말을 주어 노자로 쓰게 했다. 공주가 귀양 터로 가는 길목에 미리 기다리고 있던 서동은 공주에게 공손히 인사하며 잘 모시고 가겠다고 했다. 우여곡절 끝에 결국 공주는 서동을 좋아하게 되었고 그를 따라 백제로 갔다.

공주가 서동의 집에 도착하여 어머니가 준 황금을 꺼내 놓고 장차 살 궁리를 하자 서동은 크게 웃으며 말했다.

"이런 건 마 캐는 곳에 얼마든지 있소. 흙덩이처럼 마구 쌓아뒀지요."

공주는 놀라며 말했다.

"황금은 천하의 보배입니다. 그것을 거두어서 우리 부모님이 계시는 대궐로 보내는 것이 어떨까요."

"그렇게 합시다."

서동은 사자사師子寺(지금의 전북 익산 미륵산 사자암)의 지명법사知命法師와 의논하여 하룻밤 사이에 그 황금을 신라 궁중으로 보냈다. 그 신비로움에 감탄한 진평왕은 서동을 존경하게 되었고 항상 편지를 보내 안부를 물었다. 서동은 이로부터 인심을 얻어 드디어 왕위에 올랐다.

이 같은 『삼국유사』의 기록이 옳다면 서동은 홀어머니 슬하에서 산마를 캐고 장사하며 살던 가난한 청년이다. 그러나 『삼국사기』에 의하면 그는 백제 제29대 법왕法王(재위 599~600)의 아들로, 즉위한 지 1년만에 죽은 법왕에 이어 제30대 백제왕이 된 사람이다. 서동이 법왕의 아들이라는 『삼국사기』의 기록이 맞다면 『삼국유사』에서 서동의 아버지라고 한 '연못의 용'은 바로 법왕에 해당된다. 서동은 지체 높은 아버지와 연못가에서 살던 가난한 과부 어머니 사이에 태어난 아이인 셈이다.

그의 아버지 법왕은 수수께끼의 인물이다. 1년밖에 왕위에 있지 않았던 그의 내력에 대해서는 여러 학설이 있다. 서역에서 제철 기술을 익히고 백제에 돌아온 인물로 전북 미륵산 일대 제철 집단의 우두머리였다는 설도 있고 고구려계의 제철 집단을 이끌고 백제에 온 인물이라는 설도 있다. 그는 또한 즉위 1년 만에 죽은 것이 아니라 왕위를 아들 무왕에게 물려주고 일본 중부지방 나라奈良에 진출, '법대왕法大王' 또는 '성덕태자聖德太子(일본명 '쇼토쿠타이시')'라는 이름으로 7세기 초 일본을 통치한 왕이라는 설도 있다. 그의 모습은 예전의 일본 1만엔 지폐에 그려지기도 했다.

법대왕, 즉 성덕태자는 불교 진흥에 힘을 기울여 많은 사찰을 지었다. 나라현 이코마生駒군 이카르가斑鳩에 있는 유명한 호류지法隆寺도 그가 건립한 절이다. 백제 법왕 역시 살생을 금하고 수렵도구까지 태운 철저한 불교 신자였다.

법왕의 후계 후보는 무왕 외에도 많았을 것이다. 그 경쟁자들을 제치고 차기 백제왕의 자리에 오르기 위해서는 막강한 배경이 필요했다. 만약 신라왕가와 사돈을 맺을 수 있다면 그보다 더한 배경은 없다. 그래

일본 산골의 숯구이집. 고대에
는 제철터마다 이런 숯구이집이
있었다.

서 서동은 변장을 하고 서라벌로 가 '흑색선전'으로 선화공주를 낚은
것이다.

우리나라와 일본에는 가난한 숯구이집 총각이 부잣집 아가씨를 만나
숯구이터에서 황금덩이를 발견하여 큰 부자가 되고 출세한다는 '숯구
이' 민화가 전국적으로 분포해 있다. 전라도 지방 등에 분포한 우리 민
화의 제목은 「내 복에 산다」고 일본에 전해진 민화의 제목은 「숯구이 장
자長者」다. 일본 민화연구가들은 이 옛이야기가 일찍이 철물鐵物장수에
의해 일본 전국으로 퍼진 것이라고 하는데 무왕과 선화공주의 로맨스가
그 시발점이라고 보는 이들이 적지 않다.

그런데 백제 청년이 신라 공주와 결혼하고 백제왕으로 등극했으면 백

제와 신라가 당연히 사이 좋은 이웃이 되었겠지만 실제로는 그러지 못
했다. 백제 제30대 무왕이 즉위한 것은 600년인데 2년 후인 602년에 벌
써 신라와 백제 사이에는 충돌이 일어난다. 국경 싸움이었다.

『삼국사기』에 의하면 백제가 먼저 신라를 친다. 신라가 잇따라 국경을
침범하여 천산泉山 등 큰 연못이 있는 지역에 성을 쌓자 무왕은 크게 노
하여 기마병과 보병 4만의 대군을 보내 응전한다. 그러나 막강한 신라군
을 당하지 못하고 참패한다.

3년 후 신라는 다시 백제 국경을 침범한다. 이후 신라와 백제의 국경
싸움은 2~3년 간격으로 끊임없이 치열하게 되풀이된다. 그러다 무왕은
신라의 속함速含(지금의 함양) 등 여섯 성을 쳐서 빼앗고 신라의 왕재성王
在城을 공격하여 성주 동소東所를 죽인다.

629년에 이르러 백제는 승승장구하여 그간 신라가 빼앗아 간 땅을 도
로 찾기 위해 군사를 크게 일으켜 웅진熊津(지금의 공주)에 주둔한다. 사
태가 위급하게 되자 신라 진평왕은 당나라 왕에게 청을 넣어 중재해 줄
것을 당부한다. 당나라 왕이 나서 두 나라의 화해를 주선했으나 '서로의
원수짐은 마찬가지였다'라고『삼국사기』는 전한다.

이 치열한 싸움의 원인은 바로 무쇠에 있었다. 무쇠가 산출되는 지역
과 제철이 이루어지는 지역을 서로 확보하려는 데서 끊임없이 싸움이
빚어진 것이다.

그 무렵의 백제는 탁월한 금속 제련술을 지니고 있었다. 1993년 10월
부여扶餘 능산리陵山里에서 출토된 6~7세기의 아름답고 정교한 금동용
봉봉래산향로金銅龍鳳蓬萊山香爐(국보 287호)가 그것을 단적으로 일러준
다. 또한 백제인의 뛰어난 기술과 창의성이 철기 제조에도 영향을 미치

고 있었음을 증명하는 글이 『삼국사기』 무왕 대목에 잇따라 보인다.

- 철갑鐵甲과 조부雕斧를 선물로 보냈더니 당唐 태종太宗이 매우 좋아하고 비단옷과 필목 3,000단段을 답례로 주었다. (무왕 38년)
- 사신을 당에 보내어 금갑金甲과 조부를 선물했다. (무왕 40년)

철갑은 무쇠 갑옷을 뜻하고 조부는 글씨나 그림을 아로새긴 무쇠 도끼를 말한다. 그리고 금갑은 금으로 만든 갑옷을 가리킨다. 모두 실용품이 아닌 장식으로서의 철기다. 백제는 무기를 장식품으로 삼을 만큼 평화롭고 풍요한 나라라는 표현으로 이 같은 선물을 당나라에 보냈는지도 모른다.

백제는 당 태종으로부터 신라와 화친하라는 권고를 받은 무왕 28년(627년)부터 전성기를 맞게 된다. 그 막강한 세력은 왜에도 영향을 미쳤다. 무왕 30년(629년)에 즉위한 왜왕 서명舒明은 철저한 친백제계 인물로서 주목을 끄는데, 일본 고대사학계에는 서명이 곧 무왕일 것으로 보는 견해가 팽배하다.

당시의 일본 수도는 나라현 아스카明日香였는데 『일본서기』에 의하면 서명은 집권 11년째 되는 해에 아스카 '백제천百濟川' 냇가에 큰 왕궁과 절을 짓고 구중탑을 세운다. 왕궁의 이름은 '백제궁'인데 당시의 문헌을 깡그리 뒤져도 백제천이라는 강은 찾을 수 없고 백제궁이나 구중탑의 흔적도 출토된 적이 없다.

그런가 하면 무왕은 집권 31년째 된 해(630년)에 사비泗沘(부여)의 궁성을 중수하고 634년에는 왕흥사王興寺를 짓는다. 익산에 미륵사 다층석

탑을 세운 것은 무왕 41년(640년)의 일이다. 궁성 남쪽에 못을 파 물을 20리나 끌어들여 못 안에 섬을 만들었고 이를 신선神仙이 산다는 방장선산方丈仙山에 비견했다. 636년에는 신하들을 거느리고 사비하泗沘河(금강) 북포北浦에서 대대적인 연회도 베푼다.

일본 학자들은 무왕에 비견되는 왜왕 서명이 백제궁을 지었다는 강변이란 사비하, 즉 요즘의 금강변을 가리킨 것이라고 추정한다. 서명은 628년에 즉위해 641년 백제궁에서 사망한 것으로 나온다. 그런데 641년은 바로 무왕이 죽은 해이다. 기막힌 일치다.

백제 금동용봉봉래산향로. 높이 64cm. 국보 287호. 국립부여박물관 소장.

무왕은 당시 왜를 장악하여 백제 분국分國으로 통치하면서 태자 의자義慈의 아들 풍장豊璋을 자신의 대리인으로 파견한 것은 아닐까.『일본서기』의 서명 3년 대목에 풍장이 인질로 일본에 왔다는 기록이 있다. 그리고 그 4년 후 일본 아스카의 츠루기이케劍池라는 연못에 줄기는 하나인데 꽃송이가 둘인 연꽃이 피었다는 기록이 나온다. 한 줄기에 두 송이의 꽃이 핀 연꽃이란 한 나라에 왕이 둘이라는 정치적 암시다. 이즈음 왜에 임금이 둘이었다는 얘기가 되는 것이다.

백제의 세력이 아무리 튼실했다 하더라도 무왕의 대리인 풍장은 아직 나이가 어렸고, 일본 중부지방의 제철을 한 손에 쥐고 있던 소가蘇我씨 문중 세력은 막강했다. 흡사 임금이 둘인 형국이었다. '소가'라는 성姓 자체가 '무쇠 갈기', 즉 단철鍛鐵과 단야鍛冶를 의미했다. 이 같은 상황에서 서명과 무왕은 동시에 죽고 백제에 정변이 일어났다.

우리말에서 간 일본어

우리말 '굽다'와 일본어 '구브くぶ'

'굽다'란 뜻의 우리 옛말 '구브'가 일본에 가서 일본 옛말 '구브くぶ'가 되었다. 불 속에 음식이나 물건을 넣어 굽는 행위를 말한다. 장작 등을 넣어 불 땐다는 뜻의 '구베르くべる'도 '구브'에서 나온 말이다.

한편 '굽다'는 '야쿠やく'라는 일본어가 되기도 했는데, 이것은 '이어(계속해서) 굽는다'라는 뜻의 우리 옛말 '이야굽'이 압축되어 '야구'→'야쿠'로 변화한 것이다.

패망으로 이어진 권력다툼 …

무왕 사후 백제의 혼란

『일본서기』는 641년 3월 백제 무왕이 죽고 그해 11월에 일어난 정치적 혼란에 대해 다음과 같이 전한다. 이는 무왕의 장례에 참석한 사신의 말을 소개한 것으로 『삼국사기』나 『삼국유사』에는 전혀 보이지 않는 기록이다.

지금 백제는 큰 난리에 휩싸였습니다. 지난해 11월 대좌평(백제의 최고위 관직) 사택지적砂宅智積이 죽었습니다. 올해(642년) 정월에는 국왕의 어머니가 돌아가시고 왕자 교기翹岐와 그 어머니, 여동생 등 여자 네 명과 내좌평(궁궐 내관직) 기미岐味 등 고관 40여 명이 섬으로 추방되었습니다.

현존하는 유일한 백제 석비 사택지적비. 동강난 채 56자만 남아있다. 높이 101cm, 너비 38cm, 두께 29cm. 국립부여박물관 소장.

642년 정월은 죽은 일본왕 서명敍明에 이어 왕비 황극皇極이 왕위에 오른 달이다. 그리고 그해 4월에는 섬으로 추방되었다는 백제 왕자 교기가 황극 여왕과 만나고 일본 고관의 환대도 받았다. 그뿐 아니라 7월에는 백제에서 죽었다는 대좌평 사택지적까지 황극 여왕과 만났다.

백제에서 추방되었다는 백제 왕자가 어째서 일본 왕실에서 환대를 받았으며, 백제에서 죽었다는 고관 사택지적이 어째서 일본 황극여왕과 만나 환담을 했다는 것일까. 더욱이 황극여왕은 교기의 친어머니로 그와 함께 섬으로 추방되었다는 여인이다. 참으로 해괴한 일이 아닌가. 그러나 무왕이 죽자 백제의 왕위를 놓고 후계자 싸움이 일어났다고 생각하면 수수께끼는 쉽사리 풀린다. 무왕의 배다른 두 아들 의자義慈와 교기 사이에 치열한 왕권 다

틈이 빚어진 것이다.

교기 뒤에는 지난날의 가야계 제철 집단인 그의 생모(황극여왕)의 친정 권속이 있었다. 그들은 가야 멸망 후에도 일본 중부지방에서 왕성하게 제철 작업을 하고 있었다. 지금의 국무총리에 해당하는 대좌평 사택지적도 교기 편에서 움직이다가 형세가 불리해지자 죽은 것처럼 가장하여 일본으로 도망친다. 사택지적의 성씨인 '사택'은 '사(무쇠)달구', 즉 제철의 이두 표기인 것으로 미루어 그도 제철 가문의 인물이었을 것으로 추정된다.

이 사건에는 '국주國主의 어머니'가 관련된 것으로 보인다. 국주의 어머니란 의자왕의 생모를 말한다. 『삼국사기』나 『삼국유사』에는 의자왕의 어머니에 대한 기록이 전혀 보이지 않아 의자왕의 어머니가 신라 공주 선화善花인지 아닌지는 알 수가 없다. 일본에 망명한 후 곧 일본왕으로 등극한 교기의 어머니 황극여왕의 아명兒名은 보寶였는데 이 여인이 선화공주가 아닌가 하는 학자도 있으나 그 추측은 연령상 맞지 않다.

642년 정월에 죽은 '국왕의 어머니'는 선화공주였을 가능성이 높다. 그러나 그녀의 죽음과 백제 왕위 계승 다툼이 어떤 연관성이 있는지는 알 수 없다. 다만 짐작되는 일은 의자왕 계열과 교기 왕자 계열의 집단이 서로 패권을 쥐고자 겨뤘을 것이란 사실이고, 그것을 중재하려 했던 그녀는 백제 정통파의 원한을 사 결국 죽음으로 몰리지 않았나 하는 것이다.

의자왕은 즉위한 다음 해부터 친히 군대를 이끌고 대대적인 신라 공격에 나서 40여 개의 성을 함락시킨다. 휘하 장군을 시켜 신라 대야성(지금의 합천)을 치고 항복한 신라 성주와 그 처자식의 목을 쳐 부여로

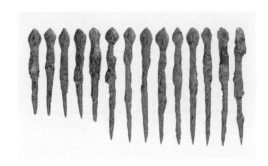

백제의 무쇠 화살촉. 길이 12.5cm.
충남 논산시 연산면 표정리 출토. 국
립부여박물관 소장.

보내게도 했다. 그리고 그 2년 후에는 신라 김유신 장군이 백제의 일곱
성을 친다. 이후 백제와 신라 간의 본격적인 전쟁이 전개되는 것이다.

그러다 의자왕은 즉위 13년째 되는 해(653년)에 일본과 국교를 재개했
다. 그는 신라와의 오랜 싸움에 지쳐 일본의 도움을 필요로 했을 것이
다. 이에 앞서 신라는 일본에 김춘추金春秋 등 친선 사절단을 보내고 있
었다.

일본에 망명한 지적이 사택지적비砂宅智積碑를 만든 것은 그 이듬해 일
이다. 이 석비는 사택지적이 지난 날을 돌이키며 인생의 무상함을 한탄
한 글을 새긴 것으로 글 중에 절과 탑을 세우는 데 필요한 금과 옥 등 재
물을 희사한 사실을 밝히고 있다. 이 석비는 현존하는 유일한 백제 석비
로 현재 국립부여박물관에 보존되어 있다. 이 같은 사실로 미루어 당시
일본 굴지의 재력가였던 사택지적이 의자왕의 간청을 받고 절을 짓는
재물 외에도 무쇠와 철기를 비롯한 많은 물자를 백제로 보냈으리라 짐
작된다.

사택지적의 일본 이름은 후지하라노카마타리藤原鎌足다. 그의 조상은
일찌감치 일본에 건너가 제철로 기반을 이루고 있었다. 사택지적은 으

뜸가는 제철 재벌이자 고위 관료이기도 했다. 그의 정실 아내는 백제 무왕과 선화공주 사이의 딸로 간주되는 왕녀 경鏡이다. 경은 배다른 형제 교기의 비妃로 있었는데 교기의 간청에 의해 사택지적에게 하가下嫁(신하와 결혼하는 일)한 것이다.

교기는 훗날 사택지적의 도움으로 일본왕이 된다. 그가 천지왕天智王이다. 나당羅唐 연합군에 대항하기 위한 군력을 백제로 보낸 바로 그 사람이다. 이로써 무왕과 선화공주의 로맨스로 맺어진 백제와 신라의 연결 고리는 단절되고 백제는 끝내 패망의 길을 걸었다.

우리말에서 간 일본어

우리말 '달구' 와 일본어 '다쿠たく'

'달구' 는 '불로 뜨겁게 하다', '굽다' 는 뜻인 '달구다' 의 어간語幹이다. 따라서 '달구벌' 이라고 하면 '제철벌' 을 뜻한다. 대구의 옛 지명이 달구벌인 것은 대구가 일찍이 제철을 하던 고장임을 의미한다.

이 '달구' 가 일본에 가서 '태우다', '굽다' 라는 뜻의 일본어 '다쿠たく' 가 되었다. '모닥불' 의 일본말 '다키비たきび' 역시 우리말에서 건너간 말이다.

삼국통일의 중심 역할을 한 신라 장군 김유신金庾信(595~673)은 충북 진천鎭川 태생이다. 그가 서라벌에서 멀리 떨어진 진천에서 태어난 것은 부모의 로맨스 때문이다.

유신은 금관가야 시조 김수로왕의 12대 후손이며 마지막 임금이었던 제10대 구형왕仇衡王(구해왕이라고도 불렸음)은 그의 증조부가 된다. 『삼국사기』는 신라 법흥왕法興王(재위 514~540) 때인 532년 '금관가야의 임

싸움터에 나갈 말의 머리에 씌운 가야의 무쇠 마주 馬冑. 부산 복천동 10호분 출토. 길이 51.6cm. 국립중앙박물관 소장.

금 김구해金仇亥가 왕비 및 세 아들과 함께 국고의 보물을 가지고 신라에 항복하였다'고 기록한다. 수로왕이 나라를 세운 지 490년 만의 일이다. 투항 후 이들은 신라의 진골眞骨 귀족으로 편입되었으나 '신新 김씨'라 하여 신라 왕족인 경주 김씨와는 엄연히 구별되었다.

유신의 아버지 김서현金舒玄은 구해왕의 셋째 왕자 무력武力의 아들이다. 서현은 훗날 유신을 낳은 아내 만명萬明부인과 '길에서 만나' 사랑에 빠졌다. 『삼국사기』는 이들의 관계를 '야합野合'이라 서술한다. 만명이 어엿한 신라 왕족인데 비해 서현의 집안은 신라에 투항한 '신 김씨' 집안에 지나지 않아 통혼할 처지가 못된다고 여긴 당시의 사회 분위기를 전한다. 만명의 증조부는 신라 제22대 지증왕이었고 할아버지는 제24대 진흥왕의 아버지 입종갈문왕이었다. 지체 높은 공주급의 아가씨였던 만명이 우연히 길에서 마주친 사나이와 연애하게 된 것이다.

서현이 만노군萬弩郡(지금의 진천) 태수로 발령받고 만명과 함께 떠나려 하자 그제서야 그들의 '야합' 사실을 알게 된 만명의 아버지는 펄펄 뛰며 딸을 다른 집에 가두고 사람을 시켜 엄히 지키게 했다. 그런데 갑

은으로 만든 신라 관. 현재는 은회색으로 변색되었으나 제작 당시는 금관 못지않게 눈부셨을 것이다. 경주 황남대총 남분 출토. 높이 20.5cm. 국립경주박물관 소장.

자기 벼락이 그 집 대문을 때리는 바람에 지키던 사람이 놀라 쓰러졌고 만명은 그새 들창문으로 빠져나와 서현과 함께 만노군으로 떠나가 버렸다. 야합은 이렇게 로맨스가 되었다.

진천은 초기 백제가 관장한 대규모 제철 단지였다. 진천 석장리石帳里에서 3~4세기의 백제 제철로 유적이 비교적 분명한 상태로 출토되어 고고학계를 흥분시킨 일이 있었다. 제련에서 단야까지 일련의 공정을 확인할 수 있었고 제철로만 해도 커다란 장방형·원형·방형 등 크고 작은 여러 형태의 것이 다양하게 발굴되어 우수한 백제의 제철 기술이 입증되기도 했다. 원료로는 철광석과 사철이 두루 쓰인 것으로 알려져 있다.

그러나 이처럼 풍요한 무쇠 고장이 내내 백제 차지일 수만은 없었다. 고구려의 남진 정책으로 진천은 고구려 수중에 들어가 고장 이름도 금물노군今勿奴郡으로 바뀌었다. '금물노'란 '검은 들'을 뜻하는 고구려말이다. '금물'은 '검은', '노'는 '들판'을 뜻하는 고구려말인데 이 순수

우리말을 소리가 같은 한자를 차용해 이두 표기를 했던 것이다. 여기서 들판을 가리키는 '노'라는 고구려말에 유의해야 한다. 이 '노'가 바로 들판을 가리키는 일본말 '노の(野)'가 된 것이다.

신라말이나 백제말도 일본말로 많이 바뀌었지만 고구려말의 경우도 놀랄 만큼 많이 일본말로 변했다. 특히 고구려 수사數詞가 일본 수사에 큰 영향을 미친 사실은 고대 일본 경제가 고구려와 고구려인의 영향을 크게 받았음을 의미한다. (여기서 신라말·백제말·고구려말이라고 한 것을 신라사투리·백제사투리·고구려사투리로 고치는 것이 옳을지도 모른다. 세 나라는 하나의 민족으로 구성된 데다 말도 한 뿌리가 분명하기 때문이다. 그러나 서로 국체國體가 달랐고 낱말 중에는 전혀 다른 것도 적지 않아 대화할 때 통역이 필요한 경우도 있다는 점에서 편의상 사투리라 하지 않고 '말'로 통일해 둔다.)

고구려 영토였던 진천은 484년에 신라 영토가 된다. 신라 제21대 소지왕炤知王(재위 471~500) 6년 고구려군을 몰아내고 이름을 만노군으로 고친 이후 줄곧 신라 영토였고 흑양군黑壤郡으로 개칭되기도 했다. '흑양' 또한 검은 들판이라는 뜻이다. 이름 그대로 진천 흙은 검다. 철분이 섞였기 때문이라고 하는데 그래서 진천 쌀은 특별히 맛있는 모양이다. 한·일 두 나라 어느 지역이건 무쇠 고장은 예부터 맛있는 쌀의 생산처로 유명했다.

김유신은 충북 진천군 진천읍 상계리(일명 지랭이)에서 태어났는데, 그의 태胎를 묻었다 하여 뒷산 이름을 태령산(일명 길상산)이라 불렀다 한다. 진천 만뢰산萬賴山(일명 만노산·금물노산)의 해발 612m 산꼭대기에는 유신의 아버지 김서현이 축조했다는 만뢰산성이 있다. 이곳은 고구려와 백제를 방어하던 요충지로 신라의 서북 국경지대에 위치했다. 성 안에는 지금도 음료수 저장고가 있을 정도이다. 삼국통일의 영웅 김유신은 대규모 제철소가 있던 최전방 지대에서 태어난 것이다.

김유신이 태어나기 전 김유신의 아버지 김서현은 이상한 꿈을 꾸었다. 화성과 토성이 자신에게 내려오는 꿈이었다. 잇따라 김유신의 어머니 만명도 태몽을 꾸었다. 금갑옷을 입은 소년이 구름을 타고 내려와 집 안에 들어서는 꿈이었다. 『삼국사기』에 의하면 만명은 곧 임신하여 20개월 만에 유신을 낳았다(사람은 10개월 만에 아이를 낳는데 굳이 20개월이라고 적은 데는 사연이 있는 듯하다). 아들의 이름을 지으며 서현이 말했다.

"경진일庚辰日날 꿈을 꾸어 낳은 아이니 '경진'이라 했으면 하지만 별이나 해와 달을 이름으로 삼는 것은 예법에 어긋난다고 하니 '유신庚信'이라 할까 하오. '유庚' 자는 '경庚' 자와 비슷하고 '진辰'은 '신信'과 소리가 비슷하지요. 옛날에도 어진 사람 중에 '유신'이라는 이름을 지닌 이가 있었소."

『삼국사기』는 이같이 '유신'이라는 이름의 유래와 태몽을 소상히 밝힌다. 그러나 『삼국유사』는 태몽 이야기 대신 '칠요七曜(일월화수목금토의 일곱 별)의 정기를 타고났기 때문에 등에 일곱 별의 무늬가 있었다'며 유신이 신이로운 인물임을 강조한다. 고대 천문학에 의하면 진일辰日은 해와 달이 합숙하는 날로 치부되고, '진' 자에는 일곱 별의 성좌인 '북두칠성'이라는 뜻도 있다.

열다섯 살 때 화랑이 된 유신은 왕족인 김춘추金春秋를 각별한 친구로 삼았다. 『삼국사기』「열전」'김유신' 조에서 김춘추는 유신과 자신을 일신동체一身同體라 할 정도였다.

어느 해 정월 유신은 춘추를 불러 자기 집 앞에서 축국蹴鞠을 하며 놀

옛 민화에 그려진 김유신 장군.

았다. 축국은 지금의 축구와 비슷한 공차기 놀이다. 이때 유신은 일부러 춘추의 옷을 밟아 옷고름이 떨어지게 하고 옷고름을 달자며 자신의 집으로 데리고 들어갔다. 유신에게는 누이동생 둘이 있었다. 큰 동생의 이름은 아해阿海(일명 보희), 작은 동생은 아지阿之(일명 문희)였다. 유신은 아해에게 춘추의 옷을 꿰매드리라고 했으나 아해가 마다했다. 작은 동생에게 시켰더니 그녀는 순순히 들어가 옷을 꿰맸다. 춘추는 유신의 뜻을 알아차려 아지와 관계를 가졌고, 그 후 유신의 집에 자주 드나들었다.

결국 아지는 임신하게 되었다. 아지가 임신한 것을 알게 된 유신은 일부러 크게 노한 것처럼 '너는 부모의 허락도 없이 그런 일을 저지르고 아이까지 배었으니 이런 망측한 일이 있느냐' 하며 소리질렀다. 그리고는 아지를 불태워 죽인다며 온 나라 안에 소문을 퍼뜨리고 선덕여왕이 경주 남산에 오른 날을 골라 자기 집 마당에 장작을 높이 쌓아 올려 불을 지폈다.

선덕여왕이 남산에서 피어오르는 연기를 보고 무슨 일이냐고 묻자 신하가 대답했다.

"유신이 누이동생을 불태워 죽이려나 봅니다."

"그건 또 왜."

"남편도 없이 임신한 까닭이라 하옵니다."

"그게 누구의 소행이더냐."

다그치는 여왕 앞에서 김춘추의 얼굴이 새파랗게 질렸다.

"죄인은 너인게로군. 빨리 가서 신부를 구해야 하느니라."

김춘추는 그 길로 유신의 집으로 달려가 여왕의 명령을 전달했고 정식으로 혼례를 올렸다.

김유신의 전술은 적중했다. 유신의 아버지 서현의 경우가 그랬듯이 멸망한 나라의 왕족 후손이 신라 왕가와 결혼을 하자면 비상수단을 쓸 수밖에 없던 것이다. 그러나 김춘추에게도 계산이 있었다. '골품骨品'이라는 신라 신분제는 첫 등급이 성골聖骨이요, 두번째가 진골眞骨이다. 부모가 두루 왕 계통의 혈통인 경우는 성골, 부모 중 어느 한쪽만 왕 계통인 혈통은 진골로 치부되었다.

초대 혁거세왕부터 26대 진평왕에 이르기까지 대대로 성골 출신 남자가 왕이 되었으나(석탈해와 미추왕 제외) 남자 손이 끊기자 여자 손이 대물림하여 27대 선덕여왕, 28대 진덕여왕으로 왕위가 이어졌다. 그러나 당시는 그 뒤를 이을 성골이 없어 진골 중에서 누군가를 왕으로 삼을 수밖에 없는 상황이었다. 경쟁자는 많았고 진골 김춘추도 그중 하나였다. 군을 쥐고 있던 김유신의 도움이 있으면 왕위 경쟁은 한결 수월했다. 더욱이 전통적 제철단지인 김해를 식읍食邑으로 소유하고 있던 김유신의 가문은 재력도 탄탄했다.

김춘추와 김유신은 뜻이 맞아 이렇게 인척이 되었다. 두 사람의 '왕위를 건 도박'은 성공한 것이다. 김춘추는 신라 제29대 왕이 되었고 김유신은 누이동생이 낳은 조카 법민法敏을 제30대 신라왕으로 앉히는 데 성공했다.

경주에 있는 김유신 장군 무덤 둘레에는 납석으로 깎은 십이지상이 있다. 사진은 그중 돼지상. 높이 40.8cm. 사적 21호.

우리말에서 간 일본어 ―――――――――

우리말 '고름'과 일본어 '고로모ころも'

우리말 옷고름의 옛말은 '고롬'이다. 옷 입음새를 '고로게(고르게)'하는 것이라 해서 이같이 불린 것인데, 이 말이 일본에 건너가 '옷'을 가리키는 '고로모ころも'가 되었다.

고대에도 단추나 허리띠는 있었지만 옷을 여미는 것은 주로 옷고름의 몫이었다. 옷고름의 기능을 가리킨 말이 바다를 건너가 옷 자체를 나타내는 낱말로 바뀐 셈이다.

『일본서기』의 668년 대목에는 해괴한 글이 나온다. 도교道行(どうぎょう) 라는 스님이 '구사나기노 쓰르기草薙劍(くさなぎのつるぎ)' 라는 이름의 일본 칼을 훔쳐 신라로 달아나다 폭풍우를 만나 헤맨 끝에 되돌아 왔다는 기록이다. 대체 어떤 칼이기에 스님이 훔쳐서, 그것도 하필이면 신라로 도망치려 한 것일까.

일본 왕실에는 왕위의 상징물로 대물림하여 전해졌다는 세 가지 보물이 있었다. 구리 거울, 곡옥, 무쇠칼이 바로 세 가지 보물인데 이를

'삼종의 신기神器'라 불렸다. 스님이 훔쳤다는 '구사나기노 쓰르기'는 바로 그 무쇠칼이다.

일본의 저명한 고고학자 모리 고이치森浩一 씨는 이 사건에 강한 궁금증을 품었다. 그는 월간 1992년 『Asahi』에 쓴 「신화와 전설의 고고학」에서 "도교 스님은 아이치愛知현 치타知多시에 있는 유명 사찰 법해사法海寺를 창건했다. 7세기에 이름 높은 절을 세운 고승高僧이 보물 칼 도난사건을 벌였다니 『일본서기』의 기록에는 엄청난 사연이 숨겨져 있을 듯하다"라고 밝혔다.

이 수수께끼를 푸는 열쇠는 칼 이름에 있다. 중국인들은 금관가야를 '구사狗邪'라는 한자로 표기했다. 이 한자의 중국 고대음이 '가야'의 음과 흡사했기 때문이라 한다. 그런데 일본인들은 이 한자 '구사狗邪'를 일본식으로 '구자' 또는 '구샤'라 읽고 비슷한 소리의 한자 '구사草'로 표기했다. 한자 '초草'자가 일본에서는 흔히 금관가야를 나타내는 글자로 여겨진 것은 이 때문이다. 한편 '나기'는 '탄생' 또는 '탄생한 사람'을 가리키는 우리 옛말이다. 이것을 일본식으로 '나기なぎ'라는 발음의 한자 '치薙'로 표기했던 것이다. 따라서 '구사나기草薙'는 사용된 한자만 보면 '풀을 벤' 칼을 가리킨 이름처럼 보이지만 실은 '금관가야 건국왕'의 칼을 뜻하는 일본식 이두이다. 그런데 이 칼이 어째서 일본 왕실의 소유가 되었던 것일까.

금관가야가 멸망한 532년, 구해왕은 신라에 투항하며 국고의 보물을 모두 거두어 신라왕에게 바쳤다 한다. 그러나 김수로왕의 무쇠칼만은 몰래 빼돌려 일본에 가 있던 가야계 사람에게 보낸 것으로 여겨진다. 그러다 일본 내의 가야계 세력이 쇠잔하고 백제계가 세력을 확장하는 과

가야의 5세기 무쇠 단갑. 김해 퇴래리에서 출토되었다고 전해진다. 국립김해박물관 소장.

정에서 보검도 백제 권력자에게 넘어간 것으로 보인다.

칼이 도난당한 668년 당시 일본왕 천지天智도 백제계 인물이다. 그럼 도행이란 스님은 대체 누구인가. 결론부터 말하자면 도행은 김유신의 장남 삼광三光이다. 일본 법해사法海寺의 창건 내력을 적은 「법해사략유서法海寺略由緖」에 의하면 도행은 신라국 명신왕明信王의 태자로, 아버지의 명을 받들어 일본에 와 보검을 훔쳐 달아나다 잡혀 옥에 갇혔는데 고승임이 밝혀져 석방되었다고 한다.

그러나 668년 무렵 신라에 '명신왕'이라는 임금은 없다. 하지만 여기서 김유신의 아버지 서현의 태몽을 떠올려 주기 바란다. 서현은 아내 만명부인이 유신을 회임하기 직전 '해와 달이 합친다는 경진일庚辰日날 별

두 개가 집에 들어오는' 꿈을 꾸었다고 한다. 일日과 월月 두 한자를 합치면 '명明' 자가 된다. '명신왕' 이란 유신을 가리키는 은유적 이름인 셈이다. 김수로왕의 직계 왕손인 김유신은 금관가야국이 존속했다면 능히 왕이 될 수 있었던 인물이고 김유신이 왕이라면 그의 장남이었던 삼광은 태자에 해당된다.

668년은 고구려가 멸망한 해이다. 김유신의 조카 문무왕文武王(재위 661~681)은 그해 음력 9월 고구려 평정을 마치고 11월 5일 경주로 개선하며 조상의 사당에 들러 조국통일의 대업 완수를 보고한다. 이 날은 김유신으로서는 신라가 승리한 날인 동시에 금관가야계 자손이 통일국가의 대통을 잇는 벅찬 감격의 날이었을 것이다. 이때 이 자리에서 국왕에게 바치는 최고의 선물, 그것은 오직 '김수로왕의 칼' 이 아니겠는가. 유신은 아들 삼광을 시켜 칼을 훔쳐오게 했던 것이다.

음력 10월의 동해에는 편서풍 태풍이 몰아친다. 삼광이 탄 배는 도로 일본 해안으로 밀려가고 그는 체포된다. 이후 그 칼은 나고야名古屋 아츠타신궁熱田神宮에 보관되어 있었는데 12세기 내란 때 바다에 빠트리는 바람에 없어졌다고 한다.

삼광이 스님이었다는 기록은 없다. 『삼국사기』에 의하면 666년 당나라에 파견되었다가 668년 6월 고구려를 치라는 당 고종의 칙지勅旨를 가지고 당항진(지금의 경기도 화성시 남양동)에 도착한 뒤 종적을 감추었다 삼광이 역사의 기록에 다시 나타나는 것은 그로부터 15년 만인 683년에 이르러서다. 삼광은 당나라에서 불교나 도교道敎 수행을 하다 귀국, 일본에 직행했던 것은 아닐까.

김유신은 태종 무열왕 김춘추의 딸을 아내로 맞는 등 철저하게 신라

왕족으로 편입하고자 노력했다. 그러면서도 의식 밑바닥에는 지난날의
제철 왕국 금관가야, 즉 가락국에 대한 긍지와 애틋함이 늘 서려 있었
다. 신검 구사나기 도난사건은 영웅의 굴절된 심리 저변을 들여다보게
한다.

우리말 '찌르개'와 일본어 '쓰루기つるぎ'

창이나 살촉 등 짐승을 찌르거나 가죽에 구멍을 내는 연장을 '찌르개'라 부른다. 이 '찌'
의 옛 소리는 〔치〕에 가까운 〔츠〕음이었다. '츠르개' 하면 '찌르는 것'이요, '츠르기' 하면
'찌르는 일'을 뜻했다. 이 '츠르개', '츠르기'가 일본에 가 '칼'을 가리키는 일본어 '쓰루
기つるぎ'가 되었다. 양면의 날을 가진 아주 예리한 칼을 뜻했다.

한쪽에만 날이 있는 큰 칼은 주로 '다치たち'라 불렀는데 이는 '다치다'의 어간 '다치'가
'칼'이라는 뜻의 일본어가 된 것이다. 칼은 사람을 다치게 하는 연장이기 때문이다.

Ⅱ

역사의 시작, 제철의 기원

우리나라의 역사는 고조선에서 시작한다. 고조선이란 기원전 2333년 동북아시아에 생긴 최초의 우리나라다.

육당 최남선崔南善 선생은 날이 샐 때 햇빛이 맨 처음 비치는 곳이란 뜻으로 '첫 새'이라 부르던 것이 그 소리에 맞추어 '아침 조朝'자와 '밝을 선鮮'자의 두 한자를 빌어 기록한데서 '조선朝鮮'이라는 나라 이름이 생기게 되었다고 했다.

태고 때에는 위만衛滿조선과 기자箕子조선, 고조선 등 조선이라 불린 나라가 셋이나 있었기 때문에 그중 가장 오래된 조선이란 뜻에서 '옛 고古' 자를 붙여 '고조선'이라 부른 것이라는 설도 있다.

『삼국유사』 첫머리에 고조선이 등장한다. '단군신화'로 알려진 대목이다.

『위서魏書』에 의하면 지금부터 2,000년 전에 단군왕검檀君王儉이 있었다. 그는 아사달에 도읍을 정하고 새로 나라를 세워 이름을 조선이라 했다. 고高와 같은 시기였다.

『위서』란 554년에 완성된 중국 북위北魏의 역사책으로 『북위서』 또는 『후後위서』라고도 불린다. 또한 '고와 같은 시기'라고 한 것은 중국 고대 전설 상의 임금 요堯와 같은 시기라는 뜻이다.

우리나라의 상고上古 때 역사를 적은 책 『단군고기檀君古記』에는 이 단군 얘기가 소상히 실려 있다.

옛날 환인桓因의 아들 환웅桓雄은 천하를 얻고자 했다. 아버지가 아들의 이같은 뜻을 알고 태백산을 내려다보니 인간을 널리 이롭게 할 만하여 천부인天符印 세 개를 주어 인간 세계를 다스리게 했다. 환웅은 3,000명의 무리를 거느리고 태백산 마루턱 신단수神壇樹 아래로 내려왔다. 그를 환웅천왕桓雄天王이라 일컫는다. (중략)

이곳에 호랑이 한 마리와 곰 한 마리가 같은 굴에 살고 있어 환웅에게 사람이 되기를 청했다. 환웅은 신령한 쑥 한 줌과 마늘 스무 개를 주면서 이것을 먹으며 백 일 동안 햇빛을 보지 않고 지내면 사람이 될 것이라 했다.

그가 시킨대로 했더니 곰은 삼칠일(21일)만에 여자의 몸으로 변했는데, 호랑이는 시킨대로 하지 못하여 사람이 되는 데 실패했다.

곰 여인 웅녀熊女가 결혼할 사람이 나타나기를 바라자 환웅이 잠시 사람으로 변하여 그녀와 결혼했다. 웅녀는 곧 임신하여 아들을 낳았다. 그가 단군 왕검이다. 단군 왕검은 요왕이 즉위한 지 50년째 되는 해에 평양에 도읍을 정하고 나라 이름을 조선이라 했다. 그러다 도읍을 백악산 아사달로 옮겼다. 그는 1,500년 동안 나라를 다스렸다. (하략)

여기서 말하는 태백산이란 요즘의 북한 묘향산이라고도 하고 백두산을 가리킨다고도 한다. 또 백악산은 지금의 평양 부근에 있는 백악산이라는 설이 유력하다. 『삼국유사』가 서두에 『단군고기』를 인용하며 상세히 전하고 있는 단군 이야기는 역사인가 신화인가.

역사를 서술한 것이라면 호랑이와 곰 이야기를 어떻게 해석해야 하며 신화를 엮은 것이라면 이 구체적인 연대 표시와 지명들을 어떻게 이해해야 하는가. 단군 이야기를 접할 때마다 곤혹감을 느낀다는 사람들이 적지 않다. 역사로 파악하기엔 너무나 설화적이고 신화로 치부하기엔 너무나 실질

서울 암사동에서 발굴된 빗살무늬 토기. 기원전 3000년대 것으로 보인다. 국립중앙박물관 소장.

적이라는 것이다.

그러나 우리는 우리의 문헌을 소중히 여겨야 한다. 우리 역사서에 기록되어 있는 서술은 그것이 아무리 황당무계한 것이라 하더라도 왜 그런 형태로 묘사되어 왔는지를 밝혀 봐야 하는 것이다. 이 같은 추구야말로 잃어버린 우리 역사를 찾는 첫걸음이기 때문이다. 우리의 문헌 속에는 우리 나름의 잣대가 있기 마련이다.

『삼국유사』에는 이런 기술도 있다.

> 명주(요즘의 강릉)는 옛날의 예국이다. 농부가 밭갈이하다 예왕의 도장을 얻어서 바쳤다. 또 춘주(요즘의 춘천)는 옛날의 맥국이다. 혹은 삭주와 평양성이 맥국이다. (하략)

이 예濊와 맥貊에 주목해야 한다.

한자 '여덟 팔八' 자를 일본인들은 '야や' 라 부른다. 『일본서기』 등 고대 역사서에서 이 '야や' 는 상대上代부터 일본땅에 살아온 주민을 말한다. 예의 일본식 호칭인 셈이다. 한편 맥은 '코마' 라 하여 고구려와 고구려인을 의미했다. 코마는 곰의 우리 옛말 '고마' 가 일본말이 된 것이다. '맥=곰' 의 등식이 여기에서 성립된다. 또한 맥과 대칭되는 예는 호랑이로 가늠된다. 7~8세기의 일본사에 등장하는 예 사람은 호랑이에 비유된다.

『삼국유사』에는 또 우리의 고대 국가 동부여와 북부여를 소개하는데 이 동부여가 예, 북부여(고구려의 전신)는 맥으로 간주된다. 같은 부여국 사람이지만 그로부터 분열된 백성이다. '같은 굴' 에 살다가 갈라선 것이다. 이것이 예와 맥, 즉 호랑이와 곰의 실상이다.

그렇다면 신령한 식품을 먹으며 햇빛을 보지 않고 지낸지 삼칠일만에 곰이 사람으로 화했다는 것은 무엇을 상징하는가. 옥편에는 한자 '맥'에 대한 재미있는 풀이가 실려 있다. 한자 맥貊은 '이' 라고도 읽는데, 이 '맥 이貊' 는 '무쇠를 먹는 곰과 같은 오랑캐' 를 지칭한다.

무쇠를 먹는 곰. 중국 역사책『사기史記』에는 상고 때의 우리 제철왕 치우천왕蚩尤天王도 '무쇠를 먹은' 것으로 되어 있다. 곰, 즉 맥은 제철 기술을 가지고 있었던 부족으로 여겨진다.

우리말에서 간 일본어

우리말 '곰' 과 일본어 '구마くま'

우리말 '곰' 의 옛말은 '고마' 였다. 이 말이 일본에 가서 '고마こま' 가 되고 다시 '구마くま' 로 변했다.

곰은 옛말로 '고모' 라고도 불렸는데 이 고모도 '틀어박히다', '숨다' 는 뜻의 '고모르こもる' 라는 일본어가 되었다. 굴에 틀어박혀 겨울잠을 자는 곰의 습성에서 파생된 말이다.

한편 '망아지' 를 일본어로 '고마こま' 라고 하는데 이는 '조그만 존재' 를 뜻하는 우리말 '꼬마' 가 일본어로 바뀐 것이다. '꼬마' 는 우리나라에서 '작은 댁', '소실' 을 가리키는 말이기도 했다.

곰과 호랑이는 우리나라 개국사開國史에 등장하는 동물이다. 이들 동물에 관한 부분 때문에 우리나라 개국사 서술은 흔히 '믿기지 않는' 또는 단지 '신화적인' 이야기로 치부되어 왔다. 1980년대 초의 중학교 교과서만 해도 '믿을 수 없는 얘기지만……' 하는 단서를 붙이며 개국사를 소개할 정도였다. 그러나 고대사 책에 실려 있는 이야기나 등장인물이 지니는 상징성은 무게 있게 받아들여야 한다. 이야기와 등장인물을 통해 그 시대의 무엇을 상징하려 했는지를 규명하는 일은 고고학적인 추

호랑이를 그린 옛 민화. 호랑
이 그림은 사악한 것을 물리치
는 힘이 있다고 여겨졌다.

구 못지않게 중요한 작업이다.

우리 개국사에 왜 하필이면 곰과 호랑이가 등장하는지, 그들이 상징
한 것은 무엇인지 『삼국유사』의 고조선 대목을 또 한번 살펴보자.

옛날 환인의 아들 환웅은 무리 3,000명을 거느리고 태백산 꼭대기 신단수
아래로 내려왔다. 당시 곰 한 마리와 호랑이 한 마리가 같은 굴 속에 살고
있었는데 환웅에게 사람 되기를 소원했다. 환웅이 신령스런 쑥 한 다발과
마늘 스무 개를 주면서 '이것을 먹고 100일간 햇빛을 보지 않으면 사람이
될 수 있으리라' 했다.

곰과 호랑이는 이것을 먹으며 삼칠일 동안 지냈는데, 환웅이 시킨대로
한 곰은 여자의 몸이 되었지만 시킨 대로 하지 못한 호랑이는 사람이 되지
못했다. 여자의 몸이 된 웅녀는 결혼할 상대가 없어 신단수 아래서 아이 갖
기를 소원했더니 환웅이 잠시 사람으로 변해 웅녀와 결혼하여 아들을 낳았
다. 그가 단군 왕검王儉이다.

여기서 말하는 곰과 호랑이는 그 무렵 우리 강토 북방에 살고 있던 맥貊 부족과 예濊 부족을 상징하는 것이다. 맥 부족은 곰, 예 부족은 호랑이를 각기 그 신앙의 대상으로 삼았기 때문에 맥은 곰으로, 예는 호랑이로 상징되었던 것이다. 이들은 원래 '한 굴'에서 살았다고 기술되어 있는 것으로 보아 처음에는 한 부족이었다가 훗날 분파된 것으로 보인다.

그럼 이들이 환웅에게 사람이 되기를 빌었다는 것은 무엇을 뜻하는 것일까. 환웅은 그들에게 신령스런 쑥 한 다발과 마늘 스무 개를 주고 이것을 먹으며 백일동안 햇빛을 보지 않으면 사람이 될 것이라 했다. 환웅이 시킨대로 한 곰은 삼칠일만에 여자의 몸이 되었으나, 그것을 지키지 못한 호랑이는 사람이 되지 못했다는 것은 또한 무엇을 말하는 것인가.

사람과 동물의 차이는 도구의 사용에 있다. 사람은 도구를 사용함으로써 보다 풍요한 생활을 누릴 수 있었다. 그러나 동물은 도구를 부릴 줄 몰랐기 때문에 도구를 사용하는 사람의 지배를 받을 수밖에 없었다. 한국 개국사 서술 중의 사람 환웅과 동물 곰·호랑이는 도구를 가진 집단과 갖지 못한 집단 간의 지배와 피지배 구도를 선명히 표현한 것이라 할 수 있다. 그 도구란 바로 철기다. 무쇠로 만든 농기구와 무쇠로 만든 무기가 그것이다.

애초에 무쇠 만들기 기술을 갖지 못했던 맥 부족과 예 부족은 환웅 집단처럼 제철 기술을 갖고자 소원하여 환웅에게 기술 지도를 간청한 것으로 보인다. 쑥과 마늘은 환웅 집단이 상식常食하던 식품이었을 것이다.

고대 제철은 주로 사철을 불려서 행했는데, 이 사철 불리기 작업은 사흘 밤낮인 약 70시간 내내 쉼 없이 계속됐다. 이 같은 작업을 일곱 차례

평양 대동강 기슭에서 출토된 청동기(기원전 1~3세기)에 새겨진 호랑이와 곰.

반복하여 교습받아 곰으로 상징되는 맥 부족 기술진은 제철법을 일찌감치 익힐 수 있었다는 얘기가 아닐까. 삼칠일이란 이를 두고 하는 말로 여겨진다. 곰은 제철법을 익혀 비로소 사람이 될 수 있었지만 제철법을 터득하지 못한 호랑이는 사람이 되지 못했던 것이다.

애초에 환웅은 곰과 호랑이에게 백일 동안 햇빛을 보지 않고 지낼 것을 요구했다. 무쇠를 불리자면 진흙으로 고로를 짓는 등 전단계 작업에 약 2일이 필요하다. 그리고 무쇠가 완성된 다음에도 무쇠 덩이 깨기와 고르기 등 후속 작업이 2일간 소요된다. 무쇠 만들기 작업 한 번에 최소 7일이 필요한 것이다. 이 공정을 일곱 차례 되풀이하면 약 50일인데 환웅은 이 갑절의 훈련기간, 즉 100일을 예정했던 것은 아닌지.

옛 제철 작업은 높은 산중에서 이루어졌다. 풀무의 성능이 약했던 고대에는 높은 산중의 자연풍을 이용해야 했고 산중에는 땔감도 많아 숯 조달에 어려움이 없었기 때문이다. 깊은 산중의 굴 같은 움막에서 지내자면 햇빛을 볼 수가 없었을 것이다. 백일 동안 햇빛을 보지 않고 지내라는 주문은 평지에 내려오지 말고 깊은 산중에서 백일간 작업을 계속하라는 뜻이 아니었을까.

맥 부족은 훗날 고구려를 건국한다. 그 시조 고주몽은 알에서 태어난 임금이고 알은 사철의 고대어다. 고구려는 사철을 통해 나라를 세운 제철국이고 그 기반은 고조선 때에 이미 이루어졌음을 개국사의 신화적 서술을 통해 알 수 있다.

고대에 '곰 웅熊' 자는 '감'과 흡사하게 읽었다. '감'은 여자 부족장 혹은 여신을 가리킨다. 단군 왕검의 어머니 웅녀熊女는 곰이 아니라 맥 부족의 여자 부족장이나 여자 제사장祭祀長으로 짐작할 수도 있다.

우리말에서 간 일본어

우리말 '불리다'와 일본어 '후쿠ふく'

사철이나 철광석을 불에 녹이는 일을 '불리다'라고 한다. 이 '불리다'의 옛말이 '불구다' 인데, 이 말이 일본에 가서 무쇠를 불린다는 뜻의 일본어 '후쿠ふく'가 되었다.

한편 '후쿠'에는 '바람이 분다'거나 '피리를 분다'할 때의 '불다'라는 뜻도 있다. 이 또한 우리말 '불다'에서 온 말이다. '불다'의 어간 '불'의 받침이 지워지고 〔ㅂ〕음이 〔ㅎ〕음 으로 변하여 '후쿠'가 된 것이다.

… 벼농사와 철기, 국가의 성립 …

고조선 건국 시기를 찾아서

『단군고기』는 단군 이야기와 고조선의 개국 사실을 알려주는 가장 오래된 기록으로, 『삼국유사』에는 『고기古記』라는 기록으로 소개된다. 이 기록에 의하면 단군은 기원전 2333년에 고조선을 건국한 것으로 되어 있다. 국가가 성립되자면 그 사회는 적어도 청동기시대에 접어들어야 한다는 것이 학계의 정설이다.

청동기시대란 인류가 청동靑銅(구리와 주석의 합금)으로 각종 도구를 만들어 사용하던 시대를 가리키는데, 우리나라의 청동기시대는 기원전 10

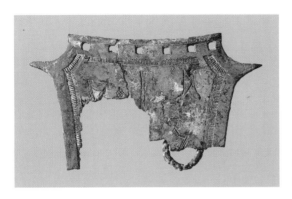

대전에서 출토되었다고 전해 지는 농경문 청동기. 국립중앙 박물관 소장.

세기 이상 올라가지 않는 것으로 여겨져 왔다. 따라서 고조선국이 건국된 연대도 『고기』의 기록처럼 기원전 2333년께가 아니라 기원전 1000년 쯤이었을 것으로 추정되어 온 것이다.

그런데 얼마 전에 놀라운 연구 결과가 발표되었다. 2003년 5월 일본 각 신문은 일본의 초기 철기시대가 종전의 기원전 300~400년 시작설보다 500년 더 앞선 기원전 800~900년에 시작되었다고 일제히 보도했다. 초기 철기시대는 청동기시대 후기에 해당되는 연대요, 벼농사가 시작된 시대이기도 하는데 우리나라에서 벼농사와 철기문화가 일본에 건너간 시점부터 일본 초기 철기시대는 시작된다. 이 결과는 일본 국립역사민족박물관이 가속기질량분석계에 의한 방사성탄소연대측정법(AMS법)으로 일본에서 가장 오래된 토기의 연대를 측정한 결과라 한다. 이 AMS법은 현재로서는 유물의 제작 연대를 측정하는 가장 첨단적인 조사법이다.

일본 학자들에 의하면 한반도에서 벼농사가 본격화한 것은 기원전 1000년께라 한다. 따라서 그들은 한반도의 벼농사문화가 그로부터

100~200년 후인 기원전 800~900년 무렵 일본에 전해졌다면 연대적으로도 아귀가 맞는다고 본다. 벼농사문화는 반드시 철기문화와 더불어 이동한다. 무쇠 도끼와 보습과 괭이 없이 논이 효과적으로 일구어질 수 없고 무쇠 칼이나 낫 없이 본격적인 벼 수확을 할 수 없기 때문이다. 지금까지의 학설에 의하면 한반도에 철기가 처음 들어온 것은 기원전 300~400년으로 여겨진다. 압록강 중류와 서북지방에 연燕나라 철기가 들어온 것이 그 시초라는 것이다.

우리 고고학계에서는 청동기와 철기가 함께 사용된 시기를 초기 철기시대로 구분한다. 또한 이 시대를 기원전 3세기에서 기원전 1세기 사이로 본다. 그렇다면 한반도에서 벼농사가 본격화된 기원전 1000년에서 철기가 한반도에 처음 들어온 기원전 300년 사이에 청동기나 석기만으로 벼농사를 지었다는 얘기가 된다. 더군다나 근래의 일본 초기 철기시대에 관한 측정 결과가 정확하다면 일본의 철기시대는 우리의 철기시대를 훨씬 앞서는 엉뚱한 결과가 빚어진다.

제철 기술이 고대 한국에서 고대 일본으로 전해졌다는 사실을 부인하는 사람은 일본인 중에도 거의 없다. 철기와 제철 유적에 관한 한 '출토되지 않았으니까 없었다'는 성급한 결론을 내려서는 안 될 것이다.

사철이나 철광석은 1,200℃의 열을 가해야만 녹는다. 그러나 구리를 녹이는 것보다 낮은 온도인 700~800℃의 열로 구워서 두드려 단조鍛造를 할 수는 있다. 자연풍을 이용하여 노천의 야철冶鐵터에서 제철을 할 수 있었던 것이다.

그 무렵의 무쇠 원료로는 사철이나 철광석 외에 갈철광褐鐵鑛이라는 것이 있었다. 갈철광은 물 속에서 자라는 철이다. 침전된 수산화철이 철

농경문 청동기의 한 부분. 따비로 밭갈이하는 사나이의 남근이 사실적으로 부각되어 있다.

박테리아의 증식작용으로 갈대 등의 풀뿌리에 주렁주렁 열매처럼 붙어 자라는 것이다. 50~55%의 철분을 함유한 연한 무쇠 원료다. 그런데 갈철광으로 만든 철기는 산화되어 흙으로 환원되는 것도 빨라서 현대까지 남아 있을 리가 없고 노천 야철터는 그때그때 완전히 파괴했기 때문에 후대에 발견될 리도 만무하다.

비록 철기와 야철터는 출토되지 않을 망정 우리 상고上古 때에도 제철은 있었다. 이것을 증명하는 것이 우리의 『단군고기』와 중국의 『위서』다. 이 두 책에는 공통적으로 아사달阿斯達이라는 지명이 나온다. 단군이 도읍으로 삼았다는 고장 이름이다.

'아' 는 '최고의' · '최초의' 또는 '맨 가장자리의' 를 뜻하는 우리 고대어이고 '사' 는 '무쇠', '달' 은 '산' 을 가리키는 옛말이다. 아사달이란 '최고의 무쇠 산' 또는 '맨 가장자리의 무쇠 산' 을 뜻한 도읍명이다. 단군 왕검은 아시아 대륙 맨 가장자리에 위치한 최고의 무쇠산을 수도로 삼은 것이다.

무쇠산에 도읍을 정했다는 것은 그곳에서 나는 무쇠로 제철을 했다는 사실을 의미한다. 아사달에서 채취된 무쇠의 원료가 강모래 사철이었는지 철광석이었는지 또는 산기슭 일대의 연못이나 습지에서 거둔 갈철광이었는지는 알 수 없으나 그곳을 도읍으로 삼을 만큼 품질 좋고 풍요했을 것으로 여겨진다. 따라서 아사달은 무쇠의 원료가 무더기로 쌓여 있던 곳이었으리라 생각된다.

단군 왕검의 아버지 환웅은 3,000명의 무리를 이끌고 하늘에서 내려왔고 그의 아버지 환인에게 천부인天符印 세 개도 얻어 왔다. 3,000명의 무리와 세 개의 천부인. 한자의 '석 삼三' 자는 '심을 삼森' 자와 같은 계통의 글자다. 제철은 엄청난 나무를 불태워 이루어지기 때문에 그 후속 조치로 반드시 식목植木이 따라야 한다는 철학이 여기에 깔려 있다.

한편 '하늘 천天' 자는 제철을 뜻했다. '천도天道'는 제철법을, '천신天神'은 제철을 다스리는 신을 가리켰다. 천신 환인이 아들 환웅에게 주었다는 천부인은 제철법을 기술한 비법서 같은 것이 아니었을까.

왕검의 아버지는 어디서 온 제철 집단이었을까. 그리고 우리는 기원전 2333년이라는 구체적인 고조선 건국 시기를 어떻게 해석해야 할까.

우리말에서 간 일본어

우리말 '아침'과 일본어 '아사あさ'

우리말 '아침'의 옛말은 '아참'이다. '아'는 '맨 가장자리의', '최고의', '최초의' 등의 뜻이고 '참'은 '끼니 때' 또는 '쉬는 동안'을 뜻한 옛말이다. '아참'이란 최초의 끼니 시간을 가리키는 낱말이었던 셈이다.

아침의 일본어는 '아사あさ'로, 현대어인 동시에 고대어다. 이 '아사'의 '아'에도 우리 옛말 '아'처럼 '맨 가장자리의', '최초의'라는 뜻이 있다.

'사'는 날이 밝는 것을 표현하는 '새'의 옛말이다. '아사'란 동쪽 하늘의 맨 가장자리가 하얗게 새어 올 무렵을 의미하는 우리말인 동시에 일본어였다.

첨단 기술은 대체 언제부터

철기시대의 시작

사학자 윤내현 선생은 우리나라에 청동기문화가 시작된 연대를 기원전 10세기로 낮추어 볼 수는 없다고 강력히 주장하였다. 그는 그 근거를 기원전 25세기로 올라가는 청동기 유적이 이미 경기도 양평군 양수리와 전라남도 영암군 장천리 등 두 곳에서나 발굴됐고, 고조선의 영토였던 만주 요서遼西 지역의 청동기유적 연대도 기원전 25세기까지 올라간다는 사실을 들었다.

『삼국유사』에 나오는 『고기古記』의 기록대로 고조선의 개국을 기원전

2333년으로 딱 부러지게 정하기는 어려워도 대략 '기원전 24세기경'이라 말할 수 있다는 것이다. 이것은 고조선이 개국 초기부터 청동기문화를 누리고 있었다는 이야기가 된다.

구리와 주석의 합금인 청동靑銅으로 각종 도구를 만들어 썼던 시대가 청동기시대요, 이에 뒤따르는 것이 철기시대다. 무쇠로 농기구·공구·무기를 만들어 쓴 시대를 말한다. 청동기보다 훨씬 가볍고 날카롭고 단단한 무쇠도구, 즉 철기는 고대사회에 '산업 혁명'을 불러 일으켰다. 많은 농토가 잇따라 개간되고 농사를 위한 물대기 시설도 두루 설치되어 풍요한 농경시대가 전개되기에 이른다.

고조선 영토에서 출토된 기원전 3000년부터 기원전 1000년 사이의 곡물 낱알은 피·조·기장·수수·콩·팥·보리 외에 벼도 있다. 그중 평양에서 출토된 벼 낱알은 기원전 2000년 말부터 기원전 1000년 사이의 것으로 밝혀졌고 경기도 여주에서 출토된 벼 낱알은 기원전 1600년경의 것이라 한다. 또한 근래에는 경기도 일산과 김포에서 기원전 3000~2000년경의 볍씨도 발견되었다.

벼농사는 필연적으로 철기 생산이 뒷받침되어야 한다. 기원전 2000년 말, 즉 기원전 20세기쯤에는 우리나라에도 철기가 생산되고 있었다는 얘기가 가능해지는 것이다. 윤내현 선생도 그의 저서 『고조선 연구』에서 고조선 후기(기원전 1000년대)에 다양한 철기가 폭넓게 사용되었다며 호미·괭이·삽·낫·반달칼·도끼 등 농구, 자귀·끌·손칼·송곳 등 공구, 비수·창끝·단검·과戈·활촉 등 무기, 낚싯바늘 등 수렵에 쓰이는 도구의 출토지를 소상히 밝히고 있다. 따라서 우리나라에 철기시대가 시작된 연대를 기원전 3~4세기로 낮추어 본 지금까지 학계의 정설은 무

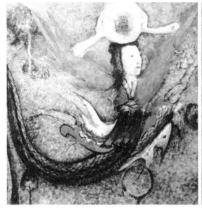

제철의 상징인 달의 여신과 삼족오三足烏가 그려진 태양을 받들고 있는 해의 신. 삼족오, 즉 세 다리 까마귀도 제철의 상징이었다. 6세기의 고구려 고분 오괴분 벽화.

너질 수밖에 없는 것이다.

중국의 가장 오래된 시집『시경詩經』의「한혁韓奕」편에는 고조선이 농토를 정리하여 세금을 매겼다고 나와 있다. 『시경』은 중국 은殷나라(기원전 16~11세기)부터 춘추시대(기원전 770~403)까지의 시 311편을 모은 책이다. 이 시대는 고조선의 중·후기에 해당된다.

또 중국 전국시대의 사상가 맹자(기원전 372~289)가 쓴 책『맹자孟子』에는 고조선이 거느린 나라 중 하나인 맥貊국의 농작물 납세 방법이 상세히 서술되어 있다. 농토와 작물에 세금을 매길 정도로 농업이 활성화되었던 것이다. 철기시대가 아니고는 있을 수 없는 현상이다.

고조선은 여러 소국을 통틀어 다스리고 있었다. 맥貊이나 예濊는 그중한 나라였고 이 소국들은 '거수국渠帥國'이라 불렀다. '거수'를 사전에서 찾으면 '악당의 우두머리'라고 나오나 원래 뜻은 '무쇠 거르는 어른'으로 강모래에서 사철을 걸러내는 일을 총괄하는 지휘자를 가리켰다.

고대 제철에 있어 가장 중요한 일은 사철 등 무쇠의 원자재 확보에 있었고 이 일의 책임자가 곧 거수였던 것이다. 고조선이 거느리던 소국을 '거수국'이라 했고 그 소국의 왕을 '거수'라 불렀다는 것은 고조선이 여러 제철국을 산하에 거느린 초강대국이었음을 의미한다.

청동기 제조와 더불어 빠른 시기부터 제철술을 갖추고 있었던 고조선의 시조 단군 왕검은 어디서부터 이 첨단 기술을 도입했던 것일까. 그의 아버지 환웅은 역시 청동기 및 철기 제조술을 가지고 동방에 온 문명집단의 우두머리로 보아야 하는가.

다시 『고기』를 살펴보자.

파내류산波奈留山(파미르 고원을 가리키는 것으로 우리말 이름은 '파마루'이며 파의 자생지임) 아래 환인桓因 씨의 나라가 있었다. 천해天海(바이칼호를 가리킴) 동쪽 땅은 파내류국이라 칭한다. 그 땅의 넓이는 남북 5만 리, 동서 2만 리이다. 통틀어 '환국桓國'이라 한다.

환인 씨는 천산天山(옛 이름은 '백산'으로 천산산맥의 동쪽 최고봉)에 살고 있었는데 나라가 다할 무렵 삼위三危(중국 돈황에 있는 산이라는 설과 티벳이라는 설 등 여러 설이 있음)나 태백太白(백두산 또는 묘향산 등 여러 설이 있음)이 두루 인간에게 유익할 것으로 생각하여 작은아들 환웅을 3,000명의 무리와 함께 태백으로 보낸다.

이때 기술奇術을 좋아하는 반고盤固라는 자가 있어 삼위산으로 가기를 청하므로 허락하였더니 공공工共·유수有燧 등을 거느리고 그곳에 가서 임금이 되었다. 이를 반고가한盤固可汗이라 하였다.

천신天神 또는 천제天帝라 불린 환인은 동쪽 땅에는 환인을, 남쪽 또는 서쪽 땅에는 반고를 각각 보낸 셈이다. 천신과 천제는 제철신을 가리킨다(해의 신과 달의 신도 제철신이다). 제철신이 그의 수하를 어디인가에 보냈다는 것은 제철 기술의 진출을 뜻한다. 인류 최초의 제철술은 천산산맥 부근에서 일어나 점차 동방과 남방 및 서방으로 번졌다고 보아야 하는가.

기원전 2000년경 소아시아로 이동해 온 '헷' 사람들은 철기와 말과 전차戰車를 활용하여 기원전 13~14세기에 히타이트 대왕국을 건설했다. 세계 최초의 제철 집단으로 꼽히는 이 '헷' 사람들은 어디서 온 어떤 무리들인가.

우리말에서 간 일본어 ────────────

우리말 '쌀'과 일본어 '고메こめ', '샤리しゃリ'

우리말 '쌀'의 일본어는 '고메こめ'다. '고메'란 원래 모내기를 뜻하는 우리말이었다. 쌀은 벼에서 거두고 벼는 모내기해서 가꾼다. 물이 흥건한 논에 모를 꽂아 심는 것이 모내기이다. '꽂다'의 옛말은 '곶', '물'의 옛말은 '매'로 '물 꽂이'라는 뜻의 우리 옛말 '곶매'가 '고메'라는 일본어로 둔갑한 것이다. 백제 계통의 말이다.

한편 우리말 '쌀'도 일본에 건너가 '쌀알'이나 초밥의 '밥'을 가리키는 '샤리しゃリ'라는 일본어가 되었다.

요새 도시에서 만들어 낸 강한 힘 …

최초의 제철국 히타이트

『구약성경』에 히타이트의 원주민이었다는 '헷' 사람 이야기가 나온다.
고대 이스라엘 제2대 왕 다윗(재위 기원전 997~966)의 아내인 미모의 밧
세바도 원래는 헷 사람의 아내였다. 그녀와 다윗 사이에서 태어난 아들
이 솔로몬이다. '헷'은 이집트 말로 '헤타'라 불렸는데 '헷'·'헤타'는
'빛의 땅'을 뜻하는 말이라고 전한다.

  헷 사람은 제철술을 지닌 부족으로 기원전 2000년대(3000년대라는 설
도 있음)에 지금의 터키 아나톨리아(소아시아) 지방으로 이동해 왔다고

아나톨리아 지방에서 출토된 기원전 6000년
대의 진흙 지모신상地母神像. 두 마리 표범의
호위를 받으며 아이를 낳고 있는 지모신의 모
습이다. 아나톨리아 문명박물관 소장.

한다. 러시아의 카프카스(코카서스) 지방에서 왔다는 설도 있으나 확실
치 않다. 이 무렵 아나톨리아 지방에는 헷사람을 비롯한 다섯 부족이 동
쪽과 서남쪽에서 잇따라 몰려와 살고 있었다. 이들은 '붉은 강'이라 불
린 하류스 강(지금의 크즐으르막 강)변의 하투샤(지금의 보아즈쿄이)에 거
대한 도시를 건설하여 수도로 삼았는데, 이 나라가 세계 최초의 제철국
가로 알려진 히타이트 왕국이다.

  히타이트의 힘은 막강했다. 기원전 1360년 무쇠와 말과 전차를 부리
며 메소포타미아·시리아 지역을 정복하여 이집트와 패권을 다투었다.
그리고 상황이 불리해지자 공주를 이집트 왕에게 시집 보내는 등의 유
화책을 써 이집트와 더불어 고대 오리엔트의 2대 강국으로 영화를 누렸
다. 그러다 기원전 1100년경 '바다의 백성'이라 불린 도리스('도리아'라
고도 함, 『구약성경』에는 '두로'라는 이름으로 등장)라는 그리스 한민족의

침입을 받아 수도 하투샤가 완전히 붕괴되는 등 세계 최초의 제철 왕국은 어이없이 멸망하고 만다.

히타이트는 제철 기술을 철저히 비밀로 했다. 반제품半製品인 덩이쇠나 철기를 수출하긴 했지만 결코 기술 이전은 하지 않았다. 이 무렵 해상무역으로 엄청난 부강국이 된 도리스는 군대 전원을 무쇠 무기로 완전무장시키고 있었다. 바다의 백성 도리스가 막강했던 것은 이 때문이기도 했으나 무쇠 무기의 소모는 극심했다. 무기 조달에 조바심을 낸 도리스는 히타이트의 수도 하투샤에 있는 제철 기술자와 엄청난 철기 재고에 눈독을 들였다.

하투샤 일대는 무쇠 산지이기도 했다. 사철이 풍성히 나는 크즐으르막 강은 진한 철분으로 늘 불그레해서 '붉은 강'이라 불렸다. 더군다나 이 강은 S자 형으로 크게 굽어 흘러 강변에 사철이 많이 쌓이는 '초사흘 지대'이기도 했다. 그뿐이 아니다. 이 근처에는 '소금 호수'도 있었다. 제철製鐵과 제염製鹽은 고대국가의 2대 기간산업이었다. 무쇠와 소금이 나는 풍요한 땅. 히타이트 왕국의 수도가 하투샤에 건설된 데에는 충분한 이유가 있었다. 또한 삽시간에 침입당하고 철저히 파괴, 약탈된 데도 나름의 까닭이 있었다. 히타이트 멸망 후 제철 기술은 주변국으로 물밀듯 새어나갔다. 제철술은 비로소 이집트와 이탈리아를 비롯한 유럽 일대로 널리 퍼지기 시작했다.

『구약성경』을 통해 고대 소아시아나 중동 지구 일대도 무쇠의 원자재는 사철이었음을 알 수 있다. 『구약성경』은 더할 나위 없이 소중한 고대사 문헌이다. 무엇이 지혜인지를 일러주는 「욥기」 28장은 갖은 광석과 보석 캐는 법이 소상히 소개되어 있는 아름다운 대목이기도 하다.

욥은 동방에서 으뜸가는 부자였다. 광석 캐는 것에 관해 자세히 서술한 것으로 미루어 그는 채광採鑛기술에 밝은 광석·보석 매매상이었는지도 모른다. 당시 아시리아 지방의 상인들은 주석과 필목 등을 소아시아 지방에서 나는 구리와 바꾸곤 했다. 당시는 번성한 청동기시대였고 청동기는 구리와 주석을 합금시켜 만든 도구였다.

철은 흙에서 취하고, 동은 돌에서 녹여 얻느니라.

욥은 흙에서 무쇠를 취하고 돌에서 구리를 얻는다고 분명히 밝혔다. 흙에서 취하는 무쇠란 사철을 두고 한 말이다. 히타이트 왕국의 수도 하투샤를 에워싼 강도 '붉은 강'이라 불릴 정도로 사철이 풍성히 나는 무쇠의 강이었고 지금의 이라크 등 중동지방 일대의 유프라테스강과 티그리스강 유역도 무쇠의 노다지 고장이었다.

구리가 녹는 온도는 1,100℃인데 비해 쇠는 1,525℃나 된다. 당연히 무쇠 녹이기가 구리 녹이기보다 어려운 것 같지만 사철이나 철광석은 700~800℃의 열이면 반쯤 녹아 물렁해져서 해면체海綿體 같은 덩어리가 된다. 가단철可鍛鐵이라 불리는 이 무쇠덩이를 여러 번 두드리고 숯불에 구워서 또 두드리면 강철을 얻을 수 있다. 이것이 히타이트의 단철鍛鐵식 제철법이다. 이 같은 단철식으로 제철을 시작한 유럽에서는 14세기가 되도록 가단철을 두드려 무쇠를 만드는 히타이트 방식을 썼다.

그러나 한국과 중국 등 동아시아의 고대 제철법은 선철銑鐵 방식이었다. 사철이나 잘게 깬 철광석을 고열의 숯불로 구워 무쇠를 완전히 녹이고, 그 녹은 쇳물을 거푸집에 넣어 농기구나 무기를 뜨는 주철鑄鐵식 제조법이다. 주철식으로 만들어진 날은 잘 베어지지만 충격에 약해 부러지기 쉬운 단점이 있고 단철식으로 다듬어진 날은 단단하지만 싹둑 잘 베어지지 않는 단점이 있다. 우리나라나 중국의 철기가 처음엔 무기보다 농기구로 많이 쓰인 까닭이 여기에 있다.

우리말에서 간 일본어

우리말 '숯' 과 일본어 '스미すみ'

숯의 옛말은 '숳' 으로 '숫구', '숫겅', '숫긍' 이라고도 했다. 숯의 현대 일본어는 '스미す み' 지만 숯이나 장작 대신 땔감으로 쓰인 왕겨를 고대엔 '스쿠모すくも' 라 불렀다. 이 일본 고대어 스쿠모의 '스쿠' 는 숯의 우리 옛말 '숫구' 와 같은 말이요, '모' 는 '벼' 를 가리킨 낱말이다. '스쿠모' 란 '벼 껍질 숯' 을 뜻하는 우리 옛말이 일본에 건너가 그대로 쓰인 것임을 알 수 있다.

지금의 '스쿠모' 는 쌀겨를 가리키는 일본 사투리다. 일본어 '스미' 도 우리말 '숯' 과 뿌리가 같다.

··· 붉은 악마의 얼굴이 되다 ···

전쟁의 신 치우천왕

'붉은 악마'는 고마운 존재다. 치우천왕蚩尤天王을 천하에 널리 알렸기 때문이다. 붉은 도깨비 얼굴의 대형 깃발과 참신하고 열띤 응원. 축구 국가대표팀 응원단 '붉은 악마'는 2002년 월드컵을 계기로 세계의 눈길을 한껏 모았다.

"대체 저 붉은 도깨비는 무슨 상징인가?"

"국가대표 응원단 이름이 하필이면 왜 붉은 악마인가?"

외국인은 물론 우리나라 사람들도 한결같이 궁금해했다. 신문사로 방

축구 국가대표팀 응원단 '붉은 악마'의 로고로 쓰인 치우천왕.

송사로 문의가 빗발쳤다. 많은 소동 끝에 붉은 도깨비가 치우천왕의 상징임이 밝혀졌다.

"치우천왕? 그게 누구지?"

"중국 역사책 『사기史記』에 나오는 전설적인 인물이래."

"그럼 중국사람이야?"

"아니. 중국의 황제黃帝와 싸워 매번 이긴 우리 고대의 임금인데, 무쇠로 만든 무기를 썼대. 그래서 고대 제철의 상징인 붉은 도깨비 모습을 응원단의 상징으로 쓴 모양이야."

"그런데 왜 '악마' 야?"

"치우천왕과 싸워 번번이 지는 편에서 보면 '악마' 가 아니겠어?"

이처럼 많은 이들이 치우천왕의 존재에 무지했던 것은 우리 역사책인 『삼국사기』나 『삼국유사』에는 치우천왕 얘기가 보이지 않기 때문이다.

그런데 우리나라에는 '기적의 책' 이라 불리는 역사서가 있다. 신라 고승高僧 안함로安含老(?~640)와 고려의 문인 이암李巖(1297~1364), 이암의 손자 이맥李陌(?~?) 등이 쓴『삼성기전三聖紀全』상·하편,『단군세기檀君世紀』,『북부여기北夫餘紀』,『태백일사太白逸史』의 다섯 권이다. 이 책들에는『삼국유사』와『삼국사기』에 드러나지 않은 우리 고대사 이야기가 자세히 서술되어 있다.

조선총독부는 우리 고대사의 영광스러운 부분을 말살하기 위해 기를 썼고, 전국에 걸쳐 이 책을 찾기 위한 수색전을 펼쳤다. 그러나 우리 역사를 적은 이 책들은 항아리째 땅에 묻혀 일제의 손길을 피할 수 있었다. 조선총독부의 정책으로 인해 고대사가 말살되는 위기를 아슬아슬하게 넘긴 것이다.

이 다섯 권의 책은 해방 후 1949년 사학자 이유립李裕岦(1907~1986) 등의 노력으로『환단고기桓檀古記』란 한 권의 책으로 묶였고, 현재는 일본어판도 나와 있다. 치우천왕 얘기는 이 책에 상세히 실려 있다. 그중 몇 가지를 소개하면 아래와 같다.

파내류산波奈留山(지금의 파미르 고원) 아래 환인桓仁 씨의 나라가 있었다. (중략) 환웅桓雄 천왕이 처음으로 개간하여 무리를 가르쳤다. 그 후로 치우천왕이 구리와 쇠를 캐 병사를 단련하고 산업을 일으켰으며 소도蘇塗를 주관했다.

자오지환웅慈烏支桓雄이 주철鑄鐵로 군사 장비를 만드니 천하가 크게 두려워하여 '치우천왕'이라 불렀다. 치우는 천둥비를 만들어 산과 강을 바꾼다는 뜻이다.

사마천司馬遷(기원전 145~86)은『사기史記』에 다음과 같이 적었다. "여러 임금이 모두 와서 황제黃帝에게 복종하였으나 치우가 가장 포악하여 능히

치지 못했다. 치우의 형제 81인은 짐승의 몸으로 사람의 말을 하는데, 머리는 구리요 몸은 쇠고 모래를 먹으며 칼·창·활을 만들어 천하를 흔들었다."

치우천왕은 헌원軒轅(黃帝의 이름)과 10년 동안 73회 싸워 이겼으나 헌원이 지남차指南車를 만들어서 다시 나와 100회나 싸워 서로 크게 다친 연후에야 비로소 싸움이 그쳤다. 이때 우리 장수 치우비蚩尤飛가 공을 다투다 싸움터에서 죽었다. 『사기』에 소위 '치우를 잡아 죽였다'고 함은 이 치우비의 죽음을 말하는 것이다.

치우천왕이 죽은 지 1,000년이 지났는데 『한서漢書』 「지리지地理志」에 의하면 그 무덤이 산동山東 동평군 수장현의 궐향성 안에 있으며 주민이 항상 10월에 제사를 지낸다고 한다. 그때마다 반드시 붉은 기운이 나오는데, 그것이 마치 진홍색 비단 같아서 '치우의 깃발'이라 불린다.

또 하나의 중국 역사책 『관자管子』에도 치우가 등장한다. 춘추春秋시대의 정치가 관중管仲(?~기원전 645)이 지은 책이다. 여기서는 치우천왕이 중국 황제의 부하로 나온다. 철광석으로 무쇠를 만들어 칼이나 갑옷, 창 등을 제작했다고 한다. 치우천왕 자신이 포로가 되어 황제의 제철 담당 신하가 된 것인지, 아니면 싸움터에서 죽은 치우비를 가리키는 것인지 알 수 없으나 중요한 것은 중국의 제철이 이때부터 비롯되었다는 사실이다.

치우와 헌원이 치열하게 싸웠다는 탁록琢鹿 땅은 베이징 북동 방면인 지금의 산둥성인데, 이곳은 적철광석赤鐵鑛石 산지이다.

지금까지 중국에서 제철이 본격적으로 이루어진 것은 춘추전국시대 말에서 전한前漢 초에 걸친 시기로 여겨졌다. 그리고 우리나라에서는 기

치우천왕의 형상을 본떴다는 고대의 귀면와.
경주 안압지 출토. 국립중앙박물관 소장.

원전 3~4세기경 연燕나라를 통해 압록강 중류와 서북지방에 철기가 들어오면서 제철이 시작된 것으로 알려졌다. 그러나 기원전에 나온 중국 역사책에서 '이민족異民族의 제철왕'으로 치부하는 치우천왕이 정녕 우리 조상이라면 제철의 선후 입지는 완전히 뒤바뀌는 것이다. 이것은 엄청나게 큰 사건이다. 치우천왕의 존재가 중요한 것은 이 때문이다.

우리말에서 간 일본어

도깨비와 오니おに

도깨비의 옛말은 '돗가비'이다. 도깨비가 '크고 우람하여 돋아 보인다', 즉 '솟구쳐 보인다'는 뜻으로 이렇게 부른 것이다. 재미있는 것은 도깨비를 가리키는 '오니おに'라는 일본어도 '큰 사람'을 뜻하는 우리말 '언니'에서 건너갔다는 점이다.

오늘날의 '언니'는 여동생이 형을 부르는 호칭이지만 그리 오래지 않은 옛날에는 남동생이 형을 부르는 데도 쓰였다. '언니'는 남녀 가리지 않고 '큰 사람'을 가리키는 말로 쓰였기 때문이다.

고대의 일본에서는 대장장이를 체격이 큰 사람이라는 뜻으로 '언니', 즉 '오니'라 불렀다. 무쇠덩이를 망치로 두드려 단철鍛鐵하는 일꾼을 가리킨 말이다. 신라말로도 도깨비는 '두두리'였다.

해오라기를 타고 온 제철신 …

일본 개국 신화

일본 개국開國 신화에는 무쇠와 관련된 신이 무더기로 등장한다. 그중에
서도 가장 눈길을 끄는 신은 '이자나미伊耶那美'라는 개국 여신女神이다.
일본 사서에서는 그녀를 '나라 낳음'의 여신으로 치부한다. 이자나미는
이자나기伊耶那岐라는 남자신과 결혼하여 먼저 왜섬을 낳는다. 그리고
바다와 항구, 돌, 산, 들판, 나무, 바람의 신을 잇따라 낳은 다음 불의 신
을 낳다가 중화상을 입어 숨을 거두게 된다. 그때 고열에 시달리다 토한
구토물이 가나야마히코金山彦와 가나야마히메金山毘賣라는 광물鑛物의 남

녀신이 되었고 소변은 물의 신, 대변은 흙의 신이 되었다. 불과 광물과 물과 흙. 이것은 바로 제철의 구도構圖다. 진흙을 물로 개어 고로를 빚고, 그 고로에 불을 때어 사철을 불리는 작업이 곧 제철이다.

이자나미의 죽음에 관한 신화는 불타 죽어서 값진 보배가 되는 '야마우바山姥姥' 민화를 떠올리게 한다. 이자나미도 여인이고 야마우바도 여인이다. 일본의 개국과 일본에서 제철이 시작된 데에는 이 '감'(여자 부족장)이라 불린 한국 여성 지도자의 그림자가 진하게 드리워져 있다. '감'이라는 우리 옛말이 일본에 전해져 '신'을 가리키는 일본말 '가미神'가 된 것도 이 때문이다.

현재 일본 전국 각지에 분포되어 있는 서낭당 '가나야고진쟈金屋子神社'의 제신祭神도 이자나미가 낳았다는 가나야마히코와 가나야마히메다. 이 남녀 두 신 중에서도 주신主神은 여신인 가나야마히메다. 고대부터 근대에 이르기까지 옛날 그대로의 방식으로 무쇠를 불려 온 일본 각지의 제철터에서는 두루 가나야마히메를 받들고 있어 제철·주물·대장·숯구이 업자들의 신앙 대상이 되어 왔다. 그 총본사總本社는 시마네島根현 노기能義군 히로세廣瀨에 있는 가나야고진쟈金屋子神社로, 제삿날인 4월 21일에는 각지에서 몰려드는 참배자로 크게 붐빈다. 이 지역은 고대 제철로 이름난 고장이다.

여신인 가나야고히메는 여자를 싫어했다. 질투심이 많은 신이기 때문이다. 그래서 옛 제철터에서는 여성의 작업장 출입을 엄격히 통제했다. 그러나 여자는 싫어해도 죽음이나 시체는 좋아하여 옛 쇠불리기꾼들은 작업장에 시체를 걸어 놓고 일하곤 했다 한다. 고대 제철이란 목숨 건 위험한 작업이었음을 이 같은 괴기적인 관습을 통해 짐작할 수 있다.

일본 남부지방 와카야마和歌山현의 구마노하
야타마다이샤熊野速玉大社가 소장하고 있는
여신상. 이자나기를 상징한 목상으로 추정된
다. 높이 98.5cm.

제철의 여신 가나야고히메는 해오라기를 타고 이 고장으로 날아왔다
한다. 백로白鷺라고도 불리는 해오라기는 북쪽에서 남쪽 지방으로 날아
가는 여름 철새다. 온몸이 흰데 등과 머리는 검은색을 띤 초록색이며 주
로 소나무 가지에 둥지를 튼다. 일본에서는 '시라사기'라 한다. 일본말
로 흰색은 '시라しら'·'시로しろ'라 불리는데 고대 일본에서는 흔히 신라
新羅를 가리키는 말로 쓰였다. 소리가 흡사하기 때문이다. 해오라기를
뜻한 일본말 '시라사기'를 우리 옛말에 대입하면 '시라(신라) 사(무쇠)
기(귀인, 또는 무쇠를 나무 자루에 끼는 사람)'의 뜻이 된다. '신라에서 온
무쇠의 귀인' 또는 '신라의 철기 제조자'를 의미하는 말이다.

제철의 여신 가나야고히메가 시라사기를 타고 왔다는 것은 그녀가 신
라에서 온 제철 우두머리였다는 사실을 상징한 것으로 여겨진다. 동해

를 바라보는 일본 중북부지방 시마네현과 톳토리鳥取현 일대는 신라와 인연이 많았던 고대의 무쇠터였다. 특히 가나야고진쟈 총 본사가 있는 고장 일대에는 지금도 4세기의 신라 제철 방식으로 일본도日本刀를 제작하는 고대식 제철소가 남아 있다.

여성은 일찍이 부족장이자 신이었다. 정치적, 종교적 영도자인 동시에 무쇠 관련 기술 지도자이기도 했다. 이 같은 한국 여성의 존재양식이 일본 개국사의 신대편神代篇에는 보다 극명하게 부각되어 우리의 관심을 끈다.

제철신을 받드는 무쇠터에서는 설날을 맞으면 '가나야고 떡'을 빚는다. '낫 모양 떡'이라고도 불리는 반달 모양의 이 떡은 가나야고 신에게 바치는 설날용 제사 떡이다. '배삐떡'이라 일컬어지는 우리나라 대형 송편과 흡사하다. 벼를 베는 낫 모양의 떡이라 하여 배비떡('배'는 '벼'의 옛말, '비'는 '베다'의 옛말)이라 부르던 것이 배삐떡이 되었다고 전해진다.

제철 고로는 예부터 소나무가 무성한 곳에 세워졌다. 무쇠를 불리자면 화력이 센 소나무 숯이 으뜸가는 연료였기 때문이다. 숯을

고대 일본 무녀의 모습을 본뜬 6세기 토기. 높이 68.5cm. 도쿄국립박물관 소장.

만들다가 남은 솔잎으로 찐 송편이 지금껏 우리나라와 일본에 똑같이 명절 떡으로 남아 있는 것은 예사롭지 않다. 제철터의 옛 풍습은 우리 주변에 아직도 끈질기게 살아남아 있는 모양이다.

우리말에서 간 일본어

우리말 '낫' 과 일본어 '가마ゕま'

낫의 일본어는 '가마ゕま' 다. 낫은 벼나 풀을 베는 데 쓰이는 농기구로, 왼손으로 그 벼나 풀을 휘어잡고 오른손에 쥔 낫으로 휘감듯이 앞으로 당겨야 베어진다. 그래서 낫은 일본에 건너가 '감아 베는 도구' 라는 뜻으로 '가마' 라 불린 것이다.

Ⅲ 무쇠로 그린 역사, 그 흔적을 따라서

'ㅅ(시옷)' 자가 든 우리말 중에 뜻을 모르는 말이 있다면 혹시 무쇠와 관련된 것은 아닐까 일단 생각해 봄 직하다. 십중팔구 그 정체가 드러날 것이기 때문이다.

한번 실험해 보자. 토지와 부락을 지키는 신을 '서낭신'이라 불렀다. 이 서낭신에게 제사 지낸 곳을 '서낭당'이라 했다. 신라 시조 박혁거세의 왕호 '거서간居西干'은 강모래에서 사철을 걸러 내어 제철을 하는 '무쇠 거르기 왕'을 뜻한다. '서낭'의 '서'도 '거서간'의 '서'와 같이 무쇠를 의미한다. 그리고 '낭'은 '생겨남'의 '남'을 뜻한다. 이로써 '서낭'이란 '무쇠 남', '무쇠 생산'을 뜻한 옛말임을 알 수 있다. 서낭당은 소도蘇塗, 즉 옛 제철터에 세웠던 제사단祭祀壇이다.

솟대는 신앙의 대상으로 마을 어귀에 세운 것이다. 긴 장대 위에 나무로 깎은 새를 두세 마리 올려놓는데, 아무 마을에나 세운 것은 아니다. 고대에 소도蘇塗라 불린 제철의 일괄 작업장 어귀에 무쇠터를 나타낸 표지標識로 세운 것이 바로 솟대다. 그러다가 여느 마을, 여느 집에서도 제각기 발복과 안녕을 위해 세우기에 이른 것이다. 소도는 '무쇠 터'의 옛말이고 솟대의 '소'도 무쇠를 가리킨다. 무쇠 터임을 나타내는 동시에 하늘을 향해 세워진 장대라는 이중의 뜻으로 솟대라 불렀을 것이다.

한국 고대 및 민간 신앙을 연구하는 이필용 씨는 저서『솟대』에서 한글학회가 펴낸『한국지명총람』을 인용하여 솟대와 관련된 지명이 한강 이남 지역에 두루 분포해 있지만 특히 전남(217군데) 지방과 경남·북(257군데) 지방에 집중됐다고 밝혔다. 이 결과는 중국의 역사책『삼국지』「동이전」의 기록을 떠올리게 한다.『삼국지』에 의하면 고대 우리나라 변한 12개국과 진한 12개국에 각각 소도가 있다고 나오는데 변한과 진한은 오늘날의 전남과 경남 지방에 해당된다.

솟대는 소도에 세워졌고 소도는 고대의 제철소였다. 이러한 사실은 오늘날의 전남과 경남·북 지방에 고대 제철소가 집중 분포되었음을 일러주는 흥미로운 기록이다. 공교롭게 오늘날에도 가장 큰 규모의 제철소는 경북 포항시와 전남 광양시에 위치한다.

솟대에 깎아 앉히는 새는 주로 오리였다. 왜 하필 오리일까. 여기에는 그만한 까닭이 있다. 오리의 옛말은 '올'이다. 사철의 옛말 '알'과 소리가 흡사하여 오리와 사철은 흔히 동일시되었다. 둘 다 강물과 관련된 존재라는 점도 오리와 사철을 동일시하게 했다. 오리를 무쇠의 상징으로 삼게 된 것은 이 때문이다.

오리 중에는 더러 텃새도 있지만 대부분은 가을철 북쪽 지방에서 번식하여 우리나라로 이동해 오는 겨울 철새다. 한강과 낙동강을 중심으로 한 한반도 중부 이남의 물가와 논에서 겨울을 난다. 사철도 한강과 낙동강 지류의 모래에서 걸러 냈다. 한강과 낙동강은 '아리수'라 불리는데, 이는 '알(사철)의 강'인 동시에 '오리의 강'을 뜻하는 별칭이다.

오리는 시끄러운 울음 소리 때문에 '천둥새'라 불리는데, 한편으로는 '무쇠의 새'라 일컫기도 한다. 천둥은 요란한 풀무 소리와 비견해 제철을 상징한다. 신화 시대로 치부되는 기원전 2000년대 중국땅에서 황제黃帝와 맞서 싸웠다는 치우천왕도 '천둥과 비'를 만들었다는 기록이 있다. 그가 제철왕이었음을 일러주는 대목이다.

솟대는 일본에도 있었다. 1967년 오사카大阪 이즈미쵸和泉町 이케가미池上 유적에서 출토된 세 마리의 목각 새는 잘 다듬어진 것은 아니지만 길쭉한 주둥이와 긴 목, 불룩한 배 모양 등이 오리와 흡사하다. 이즈미쵸는 고대에

강릉시 강문동의 솟대. 한국학중앙연구원 제공.

168

영남지방에서 출토된 삼국시대 오리 모양 토기. 국립중앙박물관 소장.

제철과 철기 제조 및 금실과 은실을 넣어 짠 비단으로 유명한 고장이다. 이곳에도 소도가 있었고 나무 새를 앉힌 솟대가 세워져 있었음을 짐작할 수 있다.

오리의 일본말은 '가모かも(鴨)'다. 이는 '오리가 무자맥질하며 먹을 감는다'는 뜻에서 붙여진 우리말 이름이다. 일본의 제철신製鐵神 중 '가모'란 이름의 신이 많은 것은 '철기 만들기'의 우리 옛말도 '가모'이기 때문이다.

나라奈良시는 8세기 일본의 도읍이다. 이 도시와 오사카를 가르는 금강산은 이름 그대로 다이아몬드 가루와 사철이 나는 곳인데, 이 금강산 기슭의 이름이 고세ごせ(御所)다. 우리말 거수渠帥와 같은 '사철 거르기 총수'의 뜻이다. 고대 우리나라에서 건너간 사철 거르기 총수와 제철 집단은 이곳에서 '가모'란 이름으로 철기 만들기에 골몰한 것으로 보인다.

우리말에서 간 일본어

도리とり와 니와토리にわとり

일본어로 '새'는 '도리とり'다. 이 낱말 또한 우리말에서 건너갔다. 새는 귀소본능歸巢本能이 강해 집으로 반드시 돌아온다고 한다. 그래서 '돌이', 즉 '돌아오는 것'이라 불렀는데 이 말이 그대로 일본 이름이 된 것이다.

'닭'은 '니와토리にわとり'라 한다. '니와'는 '안마당'이라는 우리 옛말 '니바'가 일본어로 된 것이고 '토리'는 '돌이'의 뜻이다. 안마당을 돌아다닌다 하여 이같이 부른 것이다.

…사철이 쌓이는 곳을 찾아라…

초사흘달 지대

'초사흘달 지대'라는 것이 있다. 사철이 무더기로 나는 강기슭을 일컫는 말이다. 이를테면 경주의 월성月城 왕궁 터 남쪽을 에워싸 흐르는 남천南川의 S자형 강변 일대가 바로 이 초사흘달 지대다. 강모래에 섞여 산에서 흘러내려 오는 사철이 S자형 지대에 이르면 멈춰 쌓이게 되고 가벼운 모래는 그대로 떠내려간다. 따라서 S자형 강변에는 초승달 모양의 사철 둑이 자연스레 쌓이는데, 고대인들은 이곳을 매우 소중히 여겼다.

석탈해 이후 역대 신라왕의 거처를 남천강변에 지어 '월성' 또는 '반

경주 지방의 고분에서 출토된 신라의 곱은 옥. 곡옥曲玉이라고도 한다. 오른쪽은 순금 모자를 씌운 것.

'월성半月城'이라 부른 것은 이 강가가 사철의 노다지판이었기 때문이다. 석탈해가 토함산에서 서라벌(경주의 옛 이름)을 내려다보며 바로 이 월성 터가 '가장 살 만하다'고 짚은 것도 S자형 남천 냇가에 사철 둑이 쌓여 있던 까닭이다. 그래서 그는 이미 호공瓠公이 살고 있던 남천 둑가의 집을 자기 조상이 살던 집이라고 거짓말하여 빼앗아 버린 것이다.

이 같은 사실로 미루어 호공도 석탈해와 같은 제철 관련 실력자였던 것으로 여겨지는데 호공은 지금의 경주 이씨, 즉 월성 이씨의 시조로 여겨지는 인물이다. 그의 이름인 '호瓠'는 '표주박 호' 또는 '질그릇 호'라 읽히는 한자로 '속이 비고 넓은' 형상을 나타낸다. 호공은 진흙으로 원통형圓筒形 고로를 지어 무쇠를 만들던 기술자이거나 그들을 부리던 제철 권력자였을 것으로 짐작된다.

사철이 나는 산이나 강변에서는 반드시 진흙도 났다. 월성 터에서는 양질의 진흙도 났을 것이다. 어떻든 『삼국사기』를 봐도 호공은 초기 신라의 호족豪族이요, 고관으로 나온다. 이와 같이 사철의 노다지판이던 둑을 호공으로부터 뺏은 석탈해는 둑을 가리키는 신라말 '도게'라는 이름으로 불리게 된 것이다.

'초사흘달 지대'의 강 남천의 옛 이름은 문천蚊川, 즉 '모기 내'다. 모기가 많아서가 아니라 사철을 무더기로 '모으는' 강이라 하여 이렇게 이름 지어진 것이다. 이 초사흘달 지대는 우리나라에만 있었던 것이 아니다. 6~7세기의 일본 수도였던 아스카あすか(明日香, 飛鳥)촌 중심부에 흐르는 아스카 강에도 S자형의 큰 초사흘달 지대가 있어서 역대 왜왕들은 이 강가에 다투어 왕궁을 세웠다. 사철의 노다지판을 지키기 위해서였다.

서아시아 최대의 강인 유프라테스강 유역에도 초사흘달 지대는 수두룩하다. 유프라테스강은 터키 동쪽의 고산에서 시작하여 남쪽으로 흐르며 시리아를 관통해 메소포타미아평원을 누비고 다시 티그리스강과 합류, 페르시아만으로 흘러드는 2,800km 길이의 강이다. 바빌로니아·아시리아 문명을 낳은 이 길고 넓은 강기슭은 대표적인 초사흘달 지대다. 기원전 10세기에 고대 제철로 번성한 지역이다.

이즈음 이 일대 사람들 사이에 애용된 장신구 중에 '반달 장식'이라는 것이 있다. 반달이라기보다는 초사흘달 모양의 장식품인데 이것은 바로 사철이 모이는 강변을 숭상한 데서 생긴 제철 상징물이었다.

이 같은 초사흘달 숭배 사상은 중동과 소아시아 지역에 아직도 남아 있어서 터키, 파키스탄 등 여러 나라의 국기나 장식품 문양으로 많이 쓰인다.

초사흘달 모양의 장신구는 우리나라에서도 크게 애용된 것으로, '곱은 옥' 또는 '곡옥曲玉'이라 불리는 옥으로 만든 고대 장신구다. 비취·청옥·수정·마노·호박·경옥 등의 귀금속으로 만든 것도 있고 옥의 몸체에 화려한 순금 모자를 씌운 정교한 작품도 많다. 크기는 1cm 내외부터

신라 금관총에서 출토된 금관. 수많은 곱은 옥 장식이 달려 있다. 국보 87호. 국립 경주박물관 소장.

10cm가 넘는 것도 있다. 이것은 머리 부분 한가운데 구멍을 뚫어 금실이나 끈을 꿰어 매다는 장식품으로 빛깔은 빨강과 파랑이 태반인데 빨강은 무쇠 빛을, 파랑은 사철을 거르는 강물 빛을 나타낸다.

곱은 옥 장신구는 고대 일본에서도 숭상했는데 특히 고대 제철로 명성을 떨친 이즈모いずも(出雲) 지방에서 많이 만들었다. 이즈모 지방을 다스렸다는 신 대국주大國主를 제사 지내는 이즈모대사라는 진자神社의 박물관에도 여러 점의 곱은 옥이 전시되어 있다.

필자는 그 소장품 설명 카드를 보고 놀랐다.

"곱은 옥은 다른 나라 장신구에서는 볼 수 없는 일본 특유의 모양이다……."

경주에 단 한 번이라도 와 본 사람이라면 이 같은 우물 안 개구리식 설명 카드를 전시품에 붙이지는 않을텐데 싶어 답답했다. 국립경주박물관은 실상 곱은 옥 장식과 순금 장신구의 집합처가 아닌가. 이는 삼국시대 우리나라가 뛰어난 금속 기술을 지닌 제철국이었다는 사실을 웅변하는 것이다.

우리말에서 간 일본어

다마たま

옥玉 또는 구슬을 뜻하는 일본어는 '다마たま' 다. 우리말 '옥', '구슬' 과 '다마' 는 전혀 다른 낱말 같지만 '담' 은 옥이나 구슬을 가리키던 우리말 '탐' 에서 나온 말이다.

'탐' 은 가장 으뜸가는 존재를 가리키는 우리 옛말이다. 가령 신라의 화랑 중에서도 으뜸가는 지휘자를 '탐화랑' 이라 했다. 둥글고 아름다운 존재도 '탐' 이라 불렀다. 이를테면 둥근 모양의 섬 제주도의 옛 이름은 '탐라' 였는데 '탐' 은 둥글고 아름다운 존재를 가리키고 '라' 는 나라의 옛말이다. 즉 탐라는 '둥글고 아름다운 나라' 를 뜻한 말이었다. 이 '탐' 의 받침이 일본에 건너가 '마' 로 독립, '다마' 가 된 것이다. 현대에도 둥글고 아름다운 존재를 '탐스럽다' 고 한다.

영일 냉수리 신라비

신라 비석 중 아주 오래된 것이 포항에 있다. 국보 264호 '영일 냉수리 신라비迎日冷水里新羅碑'다. 231자의 한자가 가득 새겨진 소중한 비석이지만 그 가치를 아는 사람은 많지 않다.

1989년 봄 포항시 북구 신광면神光面 냉수리冷水里의 언덕받이 밭에 묻혀 있던 커다란 돌덩이가 파올려졌다. 폭 70cm, 높이 60cm, 두께 30cm로 장정 서넛이 겨우 들어 올릴 만큼 무거운 화강암이었다. 돌덩이는 귀퉁이 한쪽을 땅 위에 드러낸 상태로 묻혀 있었기 때문에 밭일을 하다 보면 늘 걸려 넘어지곤 했다. 그래서 밭일을 하던 이가 빨랫돌로라도 쓸까 하여 파낸 것이다.

무거운 돌덩이를 어렵사리 집으로 가져가 물로 깨끗이 씻어보니 글자가 새겨진 것이 드러났다. 앞뒤 할 것 없이 한자漢字가 가득히 새겨져 있는 것이 아닌가. 까무라치게 놀란 사람들은 즉각 관청에 보고했다. 신라 비석은 이렇게 해서 현대인 앞에 나타났다.

비석은 503년에 만들어졌다. 비석이 서 있던 곳은 신라의 도읍 서라벌(경주) 북쪽 50리에 있는 동잉음현東仍音縣 진이마촌珍而麻村으로, 오늘날의 경상북도 포항시 북구 신광면이다.

1,500년 전, 신라 제22대 지증왕智證王은 서라벌의 여섯 어른과 상의하여 진이마촌에 사는 절거리節居利에게 '재물'을 얻을 권리를 주기로 했다. 또 절거리가 죽은 다음에는 자식 사노斯奴가 그 재물을 상속받도록 하는 한편 말추末鄒와 사신지斯申支 두 사람이 이 재물을 차지하지 못하도록 엄중히 통고하는 명령을 내렸다. 왕은 조정의 관리를 진이마촌에 파견하여 이를 서둘러 전하는 한편 재물을 에워싼 분쟁이 다시는 일어나지 않도록 왕의 명령을 돌에 새겨 마을 어귀에 놓아 두게 했다.

포항시 신광면에서 출토된 돌덩이에는 이런 사연이 자세하게 새겨져 있다. 231자 모두가 한자지만 순수한 한문漢文은 아니다. 지명·인명·관직명과 동사의 일부는 이두로 표기되어 있는 혼합문이다. 돌에 새겨진 내용은 대략 다음과 같다.

사라斯羅(신라의 옛 이름으로 '무쇠나라'라는 뜻)의 사부지왕과 내지왕은 일찍이 진이마촌 절거리의 증언을 토대로 그가 재물을 취하도록 명령하셨습니다.

계미년_{癸未年} 9월 25일 지도로갈문왕(지증왕)을 비롯한 일곱 어른은 지난 날 두 임금이 결정하신 대로 절거리가 재물을 몽땅 취하도록 명령하셨습니다. 또한 절거리가 죽은 다음에는 그의 아들 사노가 재물을 취하도록 하셨습니다.

한편 말추와 사신지 두 사람은 앞으로 이 재물에 대하여 일절 언급치 않도록 하며 만약 이를 어기면 중죄로 다스릴 것이라 말씀하셨습니다.

이 명을 받든 일곱 명은 임무를 마친 뒤 소를 잡고 널리 알린 뒤 여기에 기록함을 엎드려 보고 드립니다.

지증왕 때의 '계미년'이란 서기 503년을 말한다. 지증왕은 500년경 즉위하여 514년에 죽었다. 503년 그 옛날, 경주에서 50리나 떨어진 신광면에 사는 한 사나이의 재물 취득에 대해 임금과 신라 여섯 촌의 장로들이 모두 나서 시시콜콜 참견한 까닭은 무엇일까. 또한 그 재물이란 도대체 무엇일까. 땅인가, 패물인가, 대대로 전해져 내려온 가보_{家寶}인가.

비석이 발견되어 국보로 지정된 다음까지도 이에 대한 논쟁은 오래 지속되었다. 미스터리를 푸는 열쇠는 바로 이 마을의 옛 지명과 등장인물의 이름 속에 감추어져 있다. 이들 옛 이름의 뜻을 캐 보자.

우선 동잉음현은 신광면의 옛 지명이다. '동잉음_{東仍音}'은 이두 표기인데 '동_東'은 동쪽을 뜻하는 신라말인 '새'로 읽어야 한다. 오늘날에도 포항 사투리로 '샛바람'은 동쪽에서 불어오는 바람을 말한다. 따라서 '동잉음'은 '새잉음'이 되는데, '새'는 '무쇠'의 옛말이기도 하다. 곧 '새잉음'이란 '무쇠 이음'의 옛말임을 알 수 있다. 동잉음현이란 무쇠가

영일 냉수리 신라비. 국보 264호. 높이 60cm, 폭 70cm, 두께 30cm. 가출현 제공.

무더기로 이어져 있는 고을을 표현한 지명이다. 신광면은 무쇳골이었던 것이다.

다음으로 진이마촌의 '진珍'이라는 한자의 옛 뜻은 '돌'이다. 따라서 진이마는 '돌이마'로 읽힌다. '돌아가는 공간', '굽어 있는 곳'이란 뜻이다. 신광면의 명산 비학산飛鶴山에서 발원하여 흥해평야를 가로질러 동해로 흘러드는 곡강은 굽이굽이 S자로 흐르는 강이다. 그래서 '곱은 강'의 뜻으로 곡강曲江이라 이름지어진 것이다. 사철의 노다지판인 초사 홀달 지대를 무더기로 형성하며 흐르는 강이 바로 곡강이다. 진이마촌, 즉 돌이마촌은 굽은 강변에 위치한 마을임을 알 수 있다. 사철을 캐던 고대의 강변 마을이다.

재물을 얻을 권리를 받은 절거리의 '절節'은 무쇠를 뜻하는 한자 '철 鐵'과 흡사하다. 또한 '거리居利'는 거르는 것을 가리키는 말이다. 즉 절 거리는 '무쇠 거르기'를 뜻하는 말로, 강모래에서 사철을 골라내는 기술 자의 직명이었을 것으로 보인다.

절거리의 자식 이름으로 나오는 사노의 '사斯'도 무쇠의 옛말이며 '노奴'는 들판을 뜻하는 옛말이다. 따라서 사노란 '무쇠 들판'이란 뜻이다.

'무쇠 이음 골'의 '돌이마 마을'에 살던 '철鐵 거르는 장인匠人'과 그의 아들 '무쇠 들판'까지 모두 무쇠 투성이 이름이다. 신라 지증왕이 시달한 공문은 사철 거르는 채취권을 절거리에게 준다는 내용이었던 것이다. 이로써 신광면은 신라의 큰 무쇠터였음이 증명된다. 왕과 장로들이 모두 나서 법석을 떤 것도 신광이 중요한 무쇠터였기 때문이다.

그런데 옛사람들은 모래와 섞여 있는 사철을 어떻게 골라냈을까. 큰 자석을 모래 속에 넣어 휘저으면 사철이 새까맣게 자석에 붙어 나오므로 자석을 구하기 쉬운 요즘에는 별로 어려운 작업이 아니겠지만 고대에는 자석이 없었다. 그래서 고안해 낸 것이 '비중比重 활용법'이다. 모래의 비중은 가볍고 무쇠의 비중은 무겁다는 차이를 활용하여 사철을 골라내는 방법이다.

우선 강가에 5.5도 각도의 비스듬하고 긴 도랑을 만들어 이 도랑에 긴 나무 홈통을 걸친다. 도랑 위쪽에 연못을 파고 도랑에 걸친 나무 홈통에 모래를 부어 연못의 물을 흘린다. 나무 홈통 중간 중간에는 가는 구멍이 줄지어 있어 무거운 사철이 구멍을 통해 도랑 받침에 가라앉고 가벼운 모래는 물과 함께 흘러가다 도랑 끝에서 강물과 합쳐 나가도록 하는 장치다. 이때 가래같이 생긴 나무 도구로 물을 휘저으면 가벼운 모래는 떠올라 흘러가고 무거운 사철은 홈통 바닥에 내려앉아 쌓인다. 이 작업이 바로 '철 거르기', 즉 '절거리'인 것이다.

이 같은 도랑 시설은 일본의 고대 제철터였던 나라奈良현 고세五所시의 오오히가시大東유적 등에서 발굴되었으나 우리나라에서는 출토되지 않았다. 더러 발굴되었을 테지만, 썩은 나무토막들이어서 폐기되었을 가능성도 없지 않다.

8세기 일본 역사책 『속일본기續日本紀』를 보면 절거리처럼 무쇠 캐는 권리를 가진 자가 무기와 농기구를 만드는 권리까지 두루 차지한 것으로 나와 있다. 철기문화가 우리의 삼국시대에 일본으로 전해진 사실을 감안할 때 이 같은 법제도도 신라를 비롯한 삼국에서 건너갔을 가능성이 높다. 절거리에게는 무쇠 캐는 권한과 더불어 그 무쇠로 각종 철기를 만드는 권한까지 주어졌음을 알 수 있다. 막강한 재산권. 이것이 영일 냉수리 신라비에 아로새겨진 '재財'의 실체다.

그렇다면 지증왕 등 당시 실권자에게 이 재산권을 빼앗긴 말추末鄒와 사신지斯申支는 무엇을 하던 누구인가. 석비에 의하면 이들 두 사람은 다시는 그 '재'를 넘보지 못하도록 엄중히 경고를 받는다. 이를 어길 경우 중죄로 다스린다는 것이다. 그들이 무엇을 하던 누구길래 이 같은 벌을 받았을까. 말추와 사신지의 이름풀이를 해 보자.

말추의 이름 역시 이두로 풀어야 한다. '말末'이라는 한자는 훈독으로 '끝'이라 읽어야 한다. '끝'의 옛말은 '귿'이다. '추鄒'는 음독으로 '추'라 읽는다. 두 자를 합치면 '귿추'가 되는데 이는 '굳힘'의 옛말이다. '귿추', 즉 '굳힘'이란 빨갛게 불린 무쇳물을 거푸집에 부어 굳히는 것을 말한다. 말추는 제철 기술자임을 나타내는 이름이다.

사신지의 '사斯'도 '무쇠'를 뜻하는 옛말이다. 오늘날의 읽음새로 '신申'은 '펼 신'인데, 이 '펴'라는 낱말의 옛 소리는 '패'다. 따라서 한자 '신申'의 옛 훈독은 '패'였다. '지支'는 음독으로 '지' 또는 '기'라 읽었다. 이 '지·기'는 '끼다'라는 뜻의 옛말이다. '사패지' 또는 '사패기'

라 읽힌 '사신지'는 '무쇠를 펴서 (나무 자루에)끼움'이라는 뜻의 옛말로 '철기 제조자'의 뜻이다. 모든 철기는 무쇠 조각을 불에 구워 두드려 펴고 모양을 갖추어 나무 자루에 끼워 만든다. 사신지는 철기를 만드는 사람이었다.

제철 기술자와 철기 제조 기술자. 말추와 사신지는 고급 기술을 지닌 인물이었다. 절거리는 김알지金閼智와 미추왕味鄒王 등 김씨 계열의 인물이었고 지증왕 또한 같은 김씨였다. 그러나 말추와 사신지는 석탈해昔脫解 계열이었다. 석씨 정권이 김씨 정권으로 바뀌자 대대적인 경제권의 재편성 현상이 일어난 것이다. 오래된 신라 금석문에는 치열한 정권 다툼의 결과 고급 기술진이 교체된 상황이 생생히 기록되어 있는 셈이다.

이들 신라의 고급 제철 기술 집단은 그 후 어떻게 되었을까. 이들은 배를 타고 일본에 진출했다. 당시 일본은 제철 기술자를 애타게 바라고

포항의 비학산은 일본 나라奈良의 미와산三輪山과 흡사하다. 둘 다 무쇠의 산이다. 가출현 제공.

있었다. 홍해 앞바다에서 일본으로 향한 말추와 사신지 일행은 이즈모出
雲 해안을 거쳐 중부 지방 나라奈良의 미와산三輪山에 안착, 제철왕으로
받들어지게 된다.

미와산 기슭에는 '오오미와진쟈大神神社'라는 큰 서낭당이 세워져 있
어 지금까지 일본인들의 신앙 대상이 되고 있다. 이곳에서 받들고 있는
신이 바로 동해에서 건너간 '구지타마くじたま(奇玉)'와 '사치타마さちたま
(幸玉)'라 불린 말추와 사신지다. 『일본서기日本書紀』에 의하면 이들 두 신
은 '신광神光'에서 온 것으로 암시되어 있다.

동잉음현이 신광으로 이름이 바뀐 것은 신라 제24대 진흥왕眞興王(재
위 540~576)때 일이다. 『일본서기』가 쓰여진 것은 7세기 말이니 당시의
지명은 이미 요즘과 같은 신광神光이었음을 알 수 있다.

신광에 행차한 진흥왕은 한밤에 비학산 기슭에서 타오르는 신령스런
빛을 보고 이 고장 이름을 '신광'으로 고쳐 지었다. 진흥왕이 본 것은 아
마도 제철 고로에서 타오르는 불빛이었을 것으로 짐작된다.

우리말에서 간 일본어

우리말 '마'와 일본어 '마ま'

우리말 '마'에는 '사이'란 뜻이 있다. 장마의 옛말 '마'도 사이를 뜻했다. 장마란 '긴 사
이', 즉 오래도록 비가 와서 농사 등의 작업을 하지 못하는 긴 기간을 뜻하는 말이다. 뱃
사람들이 남풍南風을 '마파람'이라 하는 것도 한반도 남쪽 끝과 일본 열도 사이에 바다가
가로놓여 있기 때문에 남풍이 그 사이에서 불어오는 바람이라 하여 '사이 바람'의 뜻으
로 마파람이라 부른 것이다.

이 '사이'를 뜻하는 우리 옛말 '마'가 일본으로 가 같은 의미의 일본어 '마ま'가 되었다.
예컨대 '히로마ひろま'라 하면 넓은 공간, 즉 응접실이나 거실 등을 말한다.

고고학계에서 서기 503년은 주목받는 해다. 신라 금석문金石文인 국보 '영일 냉수리 신라비'에 계미년癸未年, 즉 503년이라는 제작 연대가 새겨져 있고 백제 금석문으로 보이는 일본 국립역사민속박물관의 동경銅鏡에도 계미년인 503년의 표시가 있어 이 연대의 부합에 궁금증이 집중되고 있는 것이다. 이 동경의 이름은 '수다하치만인물화상경隅田八幡人物畫像鏡'으로 현재 일본 국보로 지정되어 있다.

신라와 백제의 503년이 의미하는 것은 무엇인가. 또한 백제의 구리 거울이 왜 일본땅에 있는가. 이는 6세기 초의 한일 수수께끼다.

일본 와카야마和歌山현 수다하치만진자隅田八幡神社가 오래도록 소장해 왔다는 이 구리 거울에는 48자의 한자가 아로새겨져 있다. 언제, 누가, 누구에게, 무엇을 만들게 하여, 누구에게 선사했다는 신문 기사의 육하원칙六何原則을 떠올리게 하는 단순한 문장이지만 '영일 냉수리 신라비'의 경우처럼 이두吏讀체로 쓰여진 사람 이름의 해독이 가장 문젯거리이다.

일본 학자들을 지금껏 애먹이는 이 48자의 한자는 다음과 같다.

癸未年八月日十大王年男弟王在意柴沙加宮時斯麻念長壽遣開中費直穢人今州利二人等取白上同二百旱作此竟

이 중에서 인명과 지명 등 중요한 낱말을 추려 보면 다음과 같다.

男弟王, 意柴沙加宮, 斯麻, 開中費直, 穢人 今州利

이들 가운데 우리 눈에 익은 인물명이 하나 있다. 바로 '사마斯麻'다. 사마는 백제 제25대 무령왕武寧王의 이름으로 501년에서 523년까지 왕위에 있던 인물이다. 503년 계미년에 그는 백제왕이었다. 백제왕의 이름이 어째서 일본 구리 거울에 새겨져 있는 것일까. 『삼국사기』와 『일본서기』에서 무령왕을 찾아보자.

무령왕의 이름은 '사마'로 모대왕牟大王(동성왕의 다른 이름)의 둘째 아들이다. 키가 8척이요 얼굴 생김새가 그림 같았으며 인자하고 너그러워 민심이

184

일본의 국보 수다하치만인물화상경.
48자의 한자가 촘촘히 부조되어 있다.

잘 따랐다. 고구려와 싸워 크게 이겼고 훗날 양梁 등과 더불어 우호 관계를
맺었다. (『삼국사기』)

웅략雄略 5년 4월, 백제 개로왕蓋鹵王은 동생 곤기昆攴에게 말했다.

"왜로 가서 대왕을 보필하라."

그러자 곤기가 개로왕에게 청했다.

"형님의 왕비王妃를 저에게 물려주십시오. 왜에 같이 가고자 합니다."

"그러려므나. 다만 왕비는 지금 만삭이니 만약 일본 가는 길에 몸을 풀면
아이는 배에 태워 백제로 돌려보내게."

왕비는 6월 1일 큐슈九州의 카카라各羅 섬에서 아이를 낳았고 배에 태워
백제로 보냈다. 이 아이가 무령왕이다. 섬에서 태어났다 하여 '섬'의 옛말
'세마'('사마'와 같은 말)라 이름을 지었고 백제 사람들은 이 섬을 '니림
('님'의 옛말 '닎'과 같은 말)세마', 즉 '왕의 섬'이라 불렀다. (『일본서기』)

무령왕릉에서 출토된 왕의 금관 장식. 높이 30.7cm, 너비 14cm. 국보 154호. 국립 공주박물관 소장.

무령왕은 일본 태생이고 '섬'을 뜻하는 옛말 '사마'·'세마'를 이름으로 삼았다는 얘기다. 그런데 이 '사마'라는 말엔 '무쇠터'라는 뜻도 있다. '사'는 무쇠, '마'는 터·공간·기간을 가리키는 말이었다. 따라서 '사마왕'이란 '무쇠왕'·'제철왕'을 의미한다. 이 무렵의 백제 역시 신라처럼 제철에 국력을 기울이고 있었음을 엿보게 하는 이름이다.

무령왕의 아버지라는 제24대 동성왕東城王은 신라에 사신을 보내 통혼通婚할 것을 청한 적이 있다. 이에 신라왕은 고관 비지比智의 딸을 백제로 보냈다. '불빛'을 의미하는 '비지'란 이름으로 미루어 그 고관은 제철 기술직에 있던 인물로 짐작된다. 신라의 제철 기술을 흡수하기 위해 백제왕은 몸소 정략결혼까지 서슴지 않았던 것일까. 백제의 제철입국製鐵立國 열의를 느끼게 한다.

백제가 일본 진출을 강력히 서둘렀던 것도 단순히 영토 확장에만 있지 않았다. 백제는 보다 좋은 사철이 많이 나는 강가와 보다 많은 땔나무를 확보할 수 있는 풍요한 산기슭과 기술 노동력이 정착해 있음직한 전통 마을을 원했다. 그들이 눈독들인 일본 속의 백제 영역은 나니와難波(大阪의 옛 지명)·아스카明日香·비와코琵琶湖 호반 일대 등 노른자위 지대에 두루 걸쳐 있었다. 그리고 이 무렵 무령왕 사마는 왜로 구리 거울을 보낸 것이다.

구리 거울을 받은 사람은 당시의 왜왕 무열武烈이다. 『일본서기』에 6세기 왜왕 무열武烈은 극악무도한 폭군으로 그려져 있다. 포악한 행동은 즉위 이듬해부터 일찌감치 시작되었다. '손톱을 뽑아 마를 캐게 한다'거나, '나무 꼭대기에 올려 놓고 화살로 쏘아 떨어뜨린다'는 등 차마 인간으로 할 수 없는 갖가지 잔학 행위를 매년 한 번 꼴로 저질렀다. 또한 연못이 있는 정원을 만들어 짐승을 놓아 기르고 화려한 전각에서 밤낮없이 궁녀들과 어울려 잔치를 베풀었다. 이 대목에서 생각나는 『삼국사기』의 기술이 있다. 백제 제24대 동성왕東城王에 관한 것이다.

동성왕도 연못이 있는 아름다운 정원을 만들어 진기한 짐승을 길렀고 높이가 5장(약 303cm)이나 되는 화려한 전각을 지어 밤새도록 궁녀들과 술을 마시며 놀았다고 한다. 게다가 충신들의 진언에는 아랑곳하지 않고 그들이 출근하지 못하도록 아예 궁 문을 걸어 잠궈 버리기까지 했다.

그러다 '노파가 여우로 변하고 어디론가 사라진 후' 도성 근처에서 사냥하다가 반란을 만나 신하에 의해 살해된다. 501년 12월의 일이다.

그런데 『일본서기』에 의하면 왜왕 무열은 그해 12월에 역적과 싸워 이겨 정권을 손에 넣은 것으로 되어 있다. 동성왕은 백제에서 죽은 것이 아니라 변장하여 몰래 왜로 망명, 곧바로 왜왕이 된 것으로 보인다. 당시 왜의 상당 지역은 백제 수하에 있었다.

앞서 밝힌 바와 같이 백제 21대 개로왕은 동생 곤기(곤지라고도 함, 일본명 코니키시)를 왜로 파견한다. 『일본서기』는 왜왕을 보필하라는 뜻이라고 서술하지만 실은 '대왕', 즉 왜왕 자격으로 일본에 보내진 것이다. 왜를 다스리는 백제 파견관과 같은 직책이었다.

이 곤기의 다섯 아들 중 둘째가 다름 아닌 동성왕이다. 백제 23대 삼근왕이 죽자 왜의 대왕 곤기는 둘째 아들 동성에게 군사 500명과 무기를 주어 백제로 가 왕위에 오르도록 했던 것이다. 아버지 곤기를 따라 어려서부터 일본에 가 있었던 동성왕은 왜의 사정에 매우 밝았기 때문에 망명하는 데 어려움은 없었을 것이다. 그러나 그때 곤기는 이미 세상을 떠난 다음이었고 정권은 지난날의 신하 오오토모노카나무라大伴金村가 쥐고 있었다. 동성왕은 그에게서 얼른 정권을 넘겨 받고 왜의 대왕 '무열'이 된 것이다. 백제왕에서 왜왕으로의 급격한 변신이었다. 동성왕의 뒤를 이어 백제왕이 된 무령왕이 지난날의 동성왕인 왜왕 무열에게 동경을 보낸 것은 이 무렵의 일이다. 정리하자면 503년에 이 구리 거울을 만든 이는 백제왕이고, 거울을 받은 이도 백제인 왜왕이었던 것이다.

무령왕릉 현실 내부. 벽면의 벽돌은 길이모쌓기와 작은모쌓기로 아름답게 쌓여 있다.

이것은 중요한 대목이다. 그간 일본 학자들은 이 구리 거울이 일본인에 의해 일본에서 제작되었다고 주장해 왔기 때문이다.

동경에 쓰여진 글은 무령왕의 국서國書에 해당한다. 글 첫머리는 '癸未年八月日十大王年(계미년팔월일십대왕년)'이란 구절로 시작하는데 이는 '계미년 8월 10일 대왕께서 다스리시는 해에……'라는 뜻이다. 무령왕은 501년에 즉위하여 523년에 죽은 임금으로 그 통치기간 내의 계미년이라면 503년 이외에는 없다. 503년은 무령왕 3년에 해당되는 해로 즉위하고 곧 왜왕에게 국서를 겸한 하사품을 보낸 셈이다.

그 다음에 나오는 男弟王(남제왕)을 제대로 풀지 못하면 해독은 뒤죽박죽이 되고 만다. 숱한 일본학자들이 동경에 기록된 금석문 해독에 애먹어온 것은 이 낱말을 제대로 읽어내지 못한 데 있었다.

'남제男弟'는 '남대'라 읽어야 한다. 한자 제弟자의 옛 발음은 '대'였다. 왜왕 무열과 백제왕 동성을 동일 인물로 밝힌 까닭도 동성왕의 이름이 바로 '남대'이기 때문이다. 동성왕의 한자 이름 '여대餘大'는 '남대'의 이두 표기이다. 한자 '여餘'의 훈독訓讀은 '남는다'는 뜻의 '남'이다. 그리고 '제弟'의 옛 소리는 '대'. 따라서 한자 '여대餘大'는 '남대'라 읽힌다. 동성왕은 곧 왜왕 무열임이 이 이름으로 증명된다. 구리 거울 첫머리에 보이는 호칭 '남제왕'은 동성왕의 이름을 표시한 것이다.

『삼국사기』에 의하면 동성왕은 무령왕의 아버지로 되어 있으나 아버지가 아니라 배 다른 동생이라는 설도 있다. 동성왕, 즉 '남대왕'을 '여대餘大'라 적지 않고 일부러 '남제男弟'라는 한자로 표기한 것은 동성왕이 무령왕의 남동생, 즉 남제男弟라는 사실까지 표현하려 한 것은 아닐까.

'在意柴沙加宮時(재의시사가궁시)'의 '의시사가'는 현재 일본 중부 지

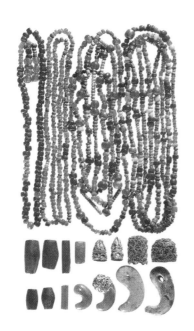
무령왕릉에서 출토된 구슬 목걸이와 곱은 옥 장식.

방의 나라현奈良縣 오시사카忍坂를 가리키는 옛 지명이다. 이 지역은 고대 제철터로 유명한 고장이다. 이 대목을 '의시사가궁에 있을 때'라 해독하는 것은 문법상 무리가 있다. '의시사가궁에 있는 남대왕의 대왕년 때에'라 풀어야 할 것으로 생각된다.

'斯麻念長壽(사마염장수)'는 '사마왕, 즉 무령왕이 (남대왕의) 장수를 빌어'로 풀이된다. 이 '수壽'를 '태泰'자라고 보는 학자도 있다. '염장태念長泰'라 하면 '오래 평안할 것을 빌며'라는 뜻이니 형제 간에 보내는 국서로서는 더욱 적절한 글이 되는 셈이다.

수다하치만인물화상경에는 사마와 남제왕 외에도 두 사람의 이름이 더 등장한다. 나머지 인물의 이름도 마저 풀어 보자.

開中費直(개중비직)'의 '개開'라는 한자의 옛 소리는 '가·가이'다. '중中'은 훈독하면 '해'라 읽히는데, '중中'을 '해'라고 새기는 것이 이두 표기상의 약속이었다. 해는 하늘 한가운데 떠서 만물을 밝히는 존재이기에 '한가운데'를 의미하는 '중中'을 '해'라 읽기로 했던 것인지도 모른다. 어쨌든 한자 '개중開中'은 이두로 '가해' 또는 '가이해'라 읽힌다. '가(가이)해'란 '가는 자'의 뜻이다. 무쇠를 갈고 닦달해서 철기를 만드는 기술자를 가리키는 백제말이었다.

'비직費直'은 '비치'의 이두 표기로 '빛'을 뜻했다. 백제·신라를 통틀어 이 무렵에는 '빛'을 가리키는 '비치'·'비처'라는 이름의 인물이 많았다. 임금이나 고관 중 제철과 관련 있는 이들이 즐겨 붙인 이름이다.

'穢人今州利(예인금주리)'의 '예인穢人'이란 예穢(濊라고도 썼다)나라 사람이라는 뜻이다. 또한 '금주리今州利'는 '그주리' 또는 '그두리'라 읽는다. 요즘말로 '굳힐 이(굳히는 사람)'의 뜻이다. 사철을 불로 달구어 녹여서 불순물을 빼고 굳혀 선철銑鐵이나 강철鋼鐵을 만드는 고급 기술자를 가리키는 옛말이다.

그럼 구리 거울에 새겨진 무령왕의 국서는 다음과 같이 해석된다.

계미년(503년) 8월 10일 의시사가(일본 중부 지방 고을)궁에 있는 남대왕(왜의 무열왕) 때, (백제왕) 사마가 (대왕의) 평안을 빌어 철기 제조 기술자와 예 사람인 제철 기술자 2인 등을 보내며 상질上質의 백동白銅 200한루으로 거울을 만들었다.

이 글은 503년에 백제가 본격적인 제철 및 철기 제조 기술 집단을 왜로 파견한 사실을 알려준다. 아마도 이것은 국가 단위로 이루어진 최초의 대규모 대일對日 제철 기술 원조로 여겨진다. '2인 등等'이라 못박고 있는 것으로 미루어 두 사람의 고위 기술자가 이끄는 상당수의 집단으로 보인다.

이로부터 2년 후 무령왕은 태자 사아斯我까지 일본에 보낸다. 한자 '아我'의 옛 소리는 '가'다. '사아'는 '사가'라 불렸음을 알 수 있다. '사

'가'란 '무쇠 갈기'를 뜻하는 옛말이니 무령왕은 무쇠 제조 기술을 지닌 태자까지 일본에 보낸 것으로 추측된다. 무열왕의 독재 정권이 오래 가지 않을 것을 염려하여 그 후계자로 태자를 보낸 것은 아닐까.

그러나 그 이듬해 무열은 죽는다. 집권 8년째의 일이다. 이 때 왕년의 부하 오오토모노카나무라大伴金村가 잽싸게 신라계 계체繼體 왕을 내세워 집권에 성공한 것을 보면 쿠데타가 일어났었는지도 모른다.

때마침 신라의 동잉음현, 즉 지금의 경북 포항시 신광면에서 일본으로 탈출한 말추末鄒와 사신지斯申支의 제철 집단도 일본 중부 지방의 미와산三輪山 무쇠터에서 활약하고 있었다. 무열왕의 의시사가궁 일대 무쇠터와는 지척의 거리였다.

백제와 신라의 무쇠가 이같이 맞서는 사이에 일본에는 신라계 정권이 들어서고 백제 태자 사아의 입지는 약화된다. 사아는 그로부터 7년 후인 512년에 사망하고 그의 후손이 '후비토'라는 성을 받아 일본 남부 지방 코오야산高野山 기슭의 수다隅田에서 살았던 것으로 보인다. 그래서 무령왕이 보낸 구리 거울도 이 마을에 있는 수다하치만진쟈隅田八幡神社에 보존되어 온 모양이다. 『속일본기續日本紀』에는 백제 태자 사아가 '순타淳陀'란 이름으로 등장하는데 그의 후손 중 타카노니이가사高野新笠라는 여인이 왜왕 광인光仁(재위 770~781)에게 시집간 사실과 함께 기술되어 있다. 타카노高野와 코오야산高野山. 사아의 후손은 코오야산 일대에서 줄곧 살고 있었던 것 같다.

무령왕의 시신을 안치한 목관에 쓰인 목재는 코오야산 특산의 마키나무다. '코오야마키高野槇'라 불리는 이 나무는 단단하며 습기에 강한 데다 매우 향기로운 최고급 목재다. 나무의 단면은 한 줄기 염주처럼 아름다운 문양이 있는 것으로도 유명하다. 이 같은 특수 조직의 나무는 세계에서 오직 코오야마키 한 종류 이외엔 없다고 하는데 무령왕의 관이 하필이면 일본산 나무로 만들어진 까닭은 무엇일까. 고국 백제를 떠나 일본 코오야산 기슭에서 살던 사아의 자손들이 고국의 할아버지에게 보낸 애틋한 사랑의 선물이 아니었을까.

503년에 만들어진 구리 거울은 왜와 얽힌 백제사百濟史를 어제 일처럼 비춰 준다.

우리말에서 간 일본어 ────────────────

우리말 '동무' 와 일본어 '도모とも'

우리말 '동무' 의 옛말은 '동모' 다. 이 동모가 동무를 뜻하는 일본어 '도모とも' 가 되었다. 동모에는 '친구' 라는 뜻과 함께 '동반同伴', '동반자' 의 뜻이 있다. 그래서 일본어 '도모' 는 '동반', '시종侍從' 의 뜻으로도 쓰인다. '오토모おとも' 라는 말은 따라다니는 일(또는 따라다니는 사람)을 가리킨다. '오ぉ' 는 경칭이다.

왜왕 무열의 옛 신하인 오오토모노카나무라大伴金村의 성 '오오토모' 는 '어버이 동무', 즉 '아버지의 친구' 란 뜻으로 오오토모가 아버지 곤기의 친구뻘 되는 인물이었음을 시사하는 성이다.

서역과 신라, 아시아를 가로질러 …

스텝로드를 따라

신라의 유리 그릇은 고구려나 백제의 고분에서는 출토되지 않는 독특한 유물이다. 섬세하고 아름다운 만듦새의 이들 유리 그릇 중에서도 특별히 두드러지는 것은 경주 황남대총 남쪽 분에서 출토한 연초록 유리병, 일명 '봉수형鳳首形 유리병'이라는 것으로 진한 청색의 손잡이가 달려 있다(국보 193호). 유리 그릇만이 아니라 4~6세기의 신라 토기에도 손잡이 달린 그릇이 수두룩하다.

식기에 손잡이가 있느냐 없느냐의 구별은 문화의 기본적 차이를 의미

신라 문화의 특성을 보여주는 유리잔. 중앙에 손잡이가 달린 유리병이 국보 193호 봉수형 유리병이다. 높이 25cm. 국립경주박물관 소장.

한다. 동양 문화권의 찻잔이나 국그릇에는 손잡이가 없다. 그러나 유럽 권에서는 반드시 손잡이를 단다. 신라의 유리병에 손잡이가 달려 있다 는 것은 신라가 서구 문화권의 영향을 받았음을 의미한다.

신라의 유리 그릇은 그 모양새나 제조법에 있어서 대체로 남부 러시 아나 지중해 주변, 서아시아 지방에서 출토되는 '로망 글래스'와 흡사하 다. 그래서 이 지방으로부터 수입한 것으로 여겨지지만 독자적인 특색 을 갖춘 것이 많아 신라 제품으로 보기도 한다. 어쨌든 외래 문화의 영 향이 고대 신라에 미쳤음을 강하게 일러준다. 이 같은 서구적 요소는 언 제 어떤 경로로 신라에 들어왔을까. 그리고 고구려나 백제에는 왜 서구 문화의 영향이 미치지 않았던 것일까. 이것은 삼국시대 문화사 연구의 큰 수수께끼다.

흔히 동양과 서양의 교역로라 하면 실크로드를 떠올린다. 실크로드(비단길)는 중앙아시아를 동서로 가로지르는 고대의 길을 이른다. 중국의 서안西安이나 낙양洛陽과 터키의 이스탄불을 잇는 험한 사막길로 고대 중국의 특산품인 비단이 이 길을 따라 서아시아를 거쳐 유럽이나 북아프리카까지 전해졌다.

그러나 유리잔은 이 실크로드를 통해 신라에 당도한 것이 아니다. 동서를 맺는 또 하나의 길로 스텝로드(초원의 길)가 있었다. 이 길은 옛 스키타이족의 무대인 남부 러시아와 지중해, 흑해 기슭에서 우랄산맥과 바이칼호 아무르강 북쪽의 넓은 초원을 거쳐 오늘날의 연해주를 지나 신라 서라벌에 당도하는 머나먼 길로, 스텝루트라고도 했다. 흔히 신라 서라벌이 실크로드의 종착역이라고 하지만 서라벌은 스텝로드의 목적지이기도 했다.

서아시아 일대의 고대 국가는 무엇 때문에 이같이 머나먼 동방의 신라와 교역을 했던 것일까.

신라는 부유했다. 무쇠의 생산과 판매로 얻는 막대한 수익이 나라를 매우 풍성하게 했다. 우수한 품질의 칼 등이 매우 귀중한 대우를 받았고 특히 '신라 도끼'의 명성은 자자했다. 이에 못지않게 날개 돋치듯 팔린 것은 반제품인 철정鐵鋌이었다. 철기를 만드는 소재인 이 신라의 무쇠덩이는 품질도 좋아 인근 나라에서 앞다투어 사갔다.

철정은 화폐 구실도 해서 '부富'의 상징으로 여겨지기도 했다. 손잡이가 달린 유리병이 출토된 경주의 고분 황남대총에서는 135개의 철정이 발견되었고 금관총金冠塚에서는 800개 가량의 철정이 무더기로 출토되어 세상을 놀라게 했다. 이렇게 숱한 철정을 무덤에 묻을 만큼 신라에는 철정이 많았던 셈이다.

스텝로드를 통해 멀리 신라까지 온 서역 사람들도 철정과 철기를 사러 왔던 사절단이 아니었을까. 서역은 기원전부터 철기 제작이 아주 왕성했던 지역이다. 특히 소아시아의 히타이트는 기원전 2000～1700년 즈음에 앞선 제철 기술을 내세워 이집트 등 주변국을 압도하고 있었으나 그 후에는 현저한 쇠퇴의 길을 걸었다.

히타이트의 제철은 단조鍛造 기법이었다. 그러나 기원전 1000년에 시작됐다는 중국의 제철은 주조鑄造 기법이었다. 주조는 사철이나 철광석을 숯불로 달구어 용해시키고 그 쇳물을 거푸집에서 굳혀 무쇠를 얻는 방법이다.

우리나라에서도 중국식 제철법으로 무쇠를 만들었다고 봤다. 그러나 최근에 발굴된 중국의 전국시대나 한漢나라 때의 야철지冶鐵地와 경주의

경주 용강동 고분에서 출토된 토용(흙으로 빚은 인형) 중 여자상과 남자상 및 말의 형상. 말 왼쪽의 남자상은 수염을 기른 서역(아랍) 사람을 본뜬 것이다. 국립중앙박물관 소장.

야철지 형태가 다른 점으로 미루어 초기에는 중국식을 따라 만들다가 점차 자체 개발한 것으로 보인다.

신라인들이 중국과 다른 기법을 독자적으로 개발한 것인지 아니면 소아시아의 히타이트식 제철법을 발전시켜 무쇠를 만들었던 것인지는 알 수 없으나 스텝로드를 통해 신라로 당도한 서역 사람 중에 제철 기술자가 끼어 있었을 가능성이 매우 높다.

신라 향가 중에 「처용가處容歌」라는 재미있는 노래가 있다. 요즘 말로 가사를 옮기면 다음과 같다.

쇠벌(서라벌) 밝힌 달에 밤들어 노닐다가

들어와 자리 보니 다리가 넷일러라.

둘은 내해이고 둘은 뉘해인고.

본디 내해지만 빼앗겼으니 어찌할고.

밤새워 놀다 집에 돌아와보니 아내가 다른 남자와 동침하고 있었다. 본래 내 것이었지만 빼앗겼으니 어찌하겠는가라는, '아내의 간통을 목격한 남자'의 푸념이다. 이 남자의 이름은 처용이다. 신라 제49대 헌강왕憲康王 때 인물로 벼슬은 급간級干이었다. 급간은 신라의 17계급 벼슬 중 9번째에 해당하는 고위직이다. 그는 원래 동해 용왕의 아들이었으나 서라벌에 와서 임금의 정사政事를 돕고 있었다.

이 처용가에 맞춰 추는 '처용무'라는 춤이 훗날 생겼는데 이때 등장하는 처용의 모습은 서구적 골격에 검정빛 얼굴이다. 거기에 검정색 사모紗帽를 쓰고 춤을 춘다. 검정빛은 북방을 나타내는 빛깔이요, 사철을 가리키는 색이기도 하다. 동해 용왕의 아들이라는 처용은 혹시 그 무렵 북쪽 스텝로드로 해서 신라로 와 헌강왕을 도와 일하던 서역의 제철 기술자는 아니었을까.

우리말에서 간 일본어

우리말 '질' 과 일본어 '지ㄴ'

우리말 '길' 의 옛말은 '질' 이다. 현재 쓰이고 있는 사투리이기도 하다. 이 말이 일본에 가서 받침이 사라진 일본어 '지ㄴ' 가 되었다. 집으로 가는 길은 '이에지ㄴㅊㄴ', 산길은 '야마지ゃまㄴ' 하는 식이다.

한편 길을 뜻하는 또 다른 일본어 '미치みち' 의 어원은 우리말 '물길' 의 옛말 '미질' 이다. '미' 는 물의 고구려 말이다. 바다나 강은 고대의 경우 가장 수월한 길이었다. 그래서 항로航路를 뜻하는 '물길', 즉 '미질' 이란 옛말이 길을 가리키는 일본어가 된 것이다.

백제 시조 온조왕이 북부여에서 지금의 서울에 당도하여 '살 만한 곳'을 찾았을 때 그의 부하들은 하남河南 위례성慰禮城이 좋다고 권했다.

북으로는 한강이 흐르고 동쪽은 높은 산이 있는 데다 남쪽은 옥택沃澤을 바라보고 있으며 서쪽에는 사이를 두고 큰 바다가 있으니 도읍 삼기에 매우 좋은 고장이라 생각됩니다.

국립중앙박물관이 소장하고 있는 각
종 청동기.

하남 위례성은 지금의 경기도 하남시와 광주시 일대에 있었다고 여겨
진다. 실제로 하남시 북쪽에서 바라보는 한강은 남양주시와 구리시에
걸쳐 S자형으로 크게 굽이쳐 흐른다. 사철이 쌓이는 노다지판 '초사흘
달 지대'인 것이다. 일찍이 '아리수('사철의 강'이라는 뜻)'라 불린 한강
은 사철을 많이 함유한 무쇠의 강이었다.

뿐만 아니라 '남쪽은 옥택을 바라보고 있다'고 했다. 옥택이란 '기름
진 늪'을 뜻한다. 기름진 늪이라니 어떤 늪을 말한 것일까.

초기 철기시대에는 갈대나 줄, 부들 등이 무성한 늪과 못을 매우 소중
히 여겼다. 제철 원자재인 갈철광褐鐵鑛이 갈대나 줄, 부들 뿌리에 주렁
주렁 붙어 생산되었기 때문이다. 늪 바닥에 있는 수산화철이 철 박테리
아의 증식작용에 의해 갈철광으로 자라는 것이다.

갈철광은 밟으면 부스러질 정도로 연하기 때문에 숯으로 불을 때면

비교적 낮은 열에도 물렁해지고 이 물렁한 무쇠 덩이를 단조하면 비록 상질품은 아닐지라도 강철을 얻게 된다. 무쇠가 녹는 온도는 일반적으로 1,525℃에 이르기 때문에(현재 고대식 제철법으로 1년에 한 번 강철을 만드는 일본 이즈모의 요코타 가마터에서는 1,200℃로 무쇠를 녹인다) 이같이 높은 온도를 내는 기술이 없었던 시절에는 낮은 온도에도 쉽게 녹는 갈철광이 인기를 모을 수밖에 없었다.

'옥택' 이란 이같이 무쇠가 거두어지는 늪을 가리켰다. 하남 위례성이 있던 경기도 광주시 일대에는 지금도 늪과 못이 많아 어린이들의 자연학습장으로 이용된다.

경상남도 창녕군에는 우리나라 최대의 소택沼澤 우포늪이 있다. 늪 가까운 곳에 우항산牛項山이란 산이 있는데 그 모양새가 우포늪에 머리를 대고 물을 마시는 소와 같다 하여 우포라 이름지었다 한다. 또 그 주변

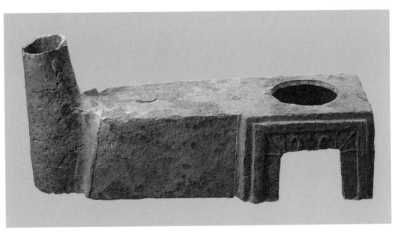

평안북도 운산 용호동에서 출토된 고구려의 무쇠 화독. 중국의 고대 화독이 아궁이와 굴뚝을 같은 방향에 배치한 데 비해 고구려 화독은 기능적인 ㄴ자 형태로 설계되어 있다. 높이 29cm. 국립중앙박물관 소장.

에서 소를 방목했기 때문에 '소벌'이라 불렀다고도 전한다.

그러나 소 모양의 산세나 소를 풀어 먹였다는 이유로 '우포' 또는 '소벌'이라 불린 것은 아니다. '소'는 무쇠의 옛말이다. 고대 우포늪에서 무쇠가 엄청나게 산출되었던 까닭에 이곳 일대는 애초부터 '소목('무쇠가 나는 곳'의 뜻)', '소벌('무쇠 벌판'의 뜻)'이라 불렀고 그것이 '우포牛浦'란 한자 이름으로 바뀐 것이다.

낙동강 중류에 위치한 창녕 일대는 일찍부터 농경문화가 발달한 곡창지대로 청동기시대의 유적과 각종 유물들이 출토되었다. 삼한시대의 불사국不斯國, 가야시대의 빛벌가야非火伽倻로 여겨지는 땅이다. 빛벌가야는 김해의 금관가야나 고령의 대가야 못지않게 높은 문화를 지닌 제철국이었다.

우리나라 고대사를 엮은 최초의 기록인『고기古記』중『삼성기三聖紀』에는 다음과 같은 글이 나온다.

> 배달倍達은 환웅桓雄이 정한 천하의 호니, 그가 도읍한 곳은 신시神市이다. 뒤에 청구국으로 옮겨 왕은 18대, 햇수로는 1,565년을 다스렸다.

단군 왕검의 아버지 환웅이 무리를 이끌고 태백산 신단수 아래 내려와 '천하의 호', 즉 나라이름을 '배달'이라 했고 도읍지의 이름을 '신시'라 했다는 것이다. 이로써 환웅이 세운 나라는 '고조선古朝鮮' 혹은 '배달'이라 불렸음을 알 수 있다.

배달이란 무엇을 가리킨 나라일까. 어떤 이는 한자 '배달倍達'은 애초에 '밝달'이라 읽힌 '밝은 산'을 뜻하는 우리 옛말이라고 한다. '달'은

'산'을 가리킨 우리 고대어이다. 또 다른 이는 '햇볕'의 옛말 '볕'을 倍라는 한자로 표기한 것이라 하여 '배달'은 '햇볕의 산', 즉 '햇빛이 가득한 산'을 의미한다고 주장한다. '볕'과 '빛'은 원래 한 낱말이었다.

'밝은 산'이든 '빛의 산'이든 모두 이 고장에서 제철이 이루어졌음을 암시하는 이름이다. 환웅 집단이 천산天山산맥에서 이동해 온 제철족製鐵族이었다면 백두산으로 간주되는 이 산기슭에서 그들은 무쇠 만들기부터 먼저 시작했을 것이다.

고대 제철은 산바람의 힘을 이용하여 불을 일구었다. 그래서 제철 가마는 바람길인 산중턱에 설치되었다. 밤낮을 가리지 않고 타오르는 불빛으로 산은 온통 대낮 같았을 것이다. 고대 제철터 지명에 흔히 '빛'이나 '불'을 나타내는 말이 들어간 까닭이 여기에 있다.

경북 포항시 신광면의 이름은 원래 '동잉음현東仍音縣('무쇠 이음골'의 뜻)'이었다. 그곳 제철 상황을 살피러 간 신라 진흥왕眞興王(재위 541∼576)이 한밤에 비학산 산턱에 타오르는 고로 불빛을 보고 고을 이름을 '신광神光'으로 개명했다고 전해진다.

우리 민족은 오랜 옛날부터 배달족이라 불렸다. '배달'이 '제철의 산'을 뜻하는 옛말이라면 한국인은 고대부터 제철 민족이었다는 얘기가 된다. 신단수神壇樹라는 나무 이름도 이 같은 사실을 입증해 준다.

신단수란 단목檀木, 즉 박달나무를 신령스런 존재로 높여 부른 이름이다. 박달나무는 자작나무과에 속하는 낙엽 관목으로 백두산 등 추운 지방의 깊은 산 속에 많이 자란다. 목질이 단단하고 탄력성이 있어서 건축용 목재로 두루 쓰였다. 특히 고대에는 도끼나 망치 등 철기鐵器의 자루는 물론 활 만드는 데도 쓰였고 화력이 세고 오래가는 숯을 만드는 데에도 요긴하게 쓰였다. 고대 제철이나 철기 제조에 없어서는 안 될 나무가 바로 박달나무였던 것이다.

　'박달' 과 '밝달' 은 소리가 같다. 환웅은 '신령스런 박달나무' 의 뜻까지 담아 최초의 나라 이름을 '밝달' 이라 지었던 것일까. 고대 지명과 인명은 우리에게 참으로 많은 것을 일깨워 준다.

우리말에서 간 일본어

우리말 '늪' 과 일본어 '느마 ぬま'

'늪' 을 뜻하는 일본어 '느마 ぬま' 는 우리말 '늪' 이 변형된 말처럼 보인다. 하지만 우리나라에서도 고대에는 늪을 '느마' 라 한 것으로 여겨진다.

'달' 의 옛말이 '달아' 였듯이 고대의 경우 받침이 있는 말 끝에 '아', '이', '에' 등 모음을 붙여 발음하곤 했다. 따라서 고대 우리나라에서도 '늪' 은 '늪아' 또는 '늡아' 로 발음했을 것으로 보인다. 이 〔ㅍ〕 또는 〔ㅂ〕 소리가 점차 발음하기 쉬운 〔ㅁ〕 소리로 바뀌어 '느마' 라는 낱말이 생겨난 것이다.

새까만 옥은 늪의 뻘처럼 검다고 하여 '느바타마 ぬばたま' 라 불렀다. '다마 たま' 는 구슬을 뜻하는 일본어다.

보기드문 역사 시집이 우리나라에 있다. 고려시대 사람 이승휴李承休가 1287년에 지은 한시집 『제왕운기帝王韻紀』가 그것이다. 이 책에도 단군의 개국 이야기가 나오는데 단군 왕검의 아버지 환웅이 귀신 3,000위를 데리고 태백산에 당도했다고 적혀 있다. 『삼성기三聖紀』등 다른 고기古記에는 '무리 3,000명' 을 데려왔다고 하는데 유독 이 책에만 '귀신 3,000위' 로 못 박고 있는 것이다.

왜 하필이면 귀신인가. 『제왕운기』는 『삼국유사』와 더불어 단군을 시조始祖로 내세워 민족 단합을 이루었다고 평가받은 역사 문헌이다. 그러한 책에 우리 조상을 스스로 흠집 낸 듯한 표현이 끼어 있는 까닭을 알수 없다. 『제왕운기』가 우리에게 던지는 수수께끼를 풀어 보자.

귀신을 사전에서 찾으면 '사람에게 화복禍福을 내린다는 신령', '어떤일에 뛰어난 재주가 있는 사람' 또는 '생김새나 몰골이 몹시 사나운 사람'을 비유하는 말로 되어 있다. 모양새는 사납지만 초능력을 지닌 존재가 귀신임을 알 수 있다.

속담 속의 귀신도 상당히 긍정적이다. '귀신 같이 먹고 장승 같이 간다'는 걸음을 잘 걷는 사람을 보고 하는 말이고 '귀신 대접하여 그른 데있느냐'는 귀신을 대접해서 해로울 것이 없다는 뜻이다. '귀신이 탄복할노릇이다'는 너무도 묘하고 신통해서 놀랍다는 표현이다.

귀신의 순수 우리말은 '도깨비'다. 이상한 힘과 괴상한 재주를 가져사람을 호리기도 하고 짓궂은 장난이나 험상궂은 짓을 많이 한다는 잡된 귀신. 이것이 도깨비의 낱말 풀이다. 여기서도 귀신, 즉 도깨비는 초능력자로 대우받는다.

도깨비의 옛말은 '돗가비'다. 키가 너무 커서 우러러 보이는 존재를표현한 말로, '거인'을 뜻했다. 그런데 신라에서는 도깨비를 '두두리豆豆里'라 불렀다. 이는 '두드리는 사람'의 뜻이다. 그들이 두드린 것은 바로 무쇠였다. 불에 구워 물렁해진 무쇠덩이를 모루에 놓고 망치로 두드려 단조鍛造하는 기술자. 그가 다름이 아닌 '두두리', 즉 도깨비였던 것이다. 선철銑鐵을 강철鋼鐵로 만드는 이 고급 기술에는 격렬한 육체 노동이 요구됐다. 이렇게 만든 강철에서 칼 등의 철기를 만드는 단야鍛冶 기술자 또한 '두두리'였다. 고급 기술과 힘겨운 노동이 필요한 작업 종사

자가 바로 두두리요, 도깨비요, 귀신이었던 것이다. 고대 사회에서 그들이 특별한 대우를 받은 사연이 여기에 있다.

환웅이 데리고 온 '귀신 3,000위'는 제철 기술자였다. 3,000이라는 숫자로 보아 기술 집단의 규모가 상당히 컸음을 짐작할 수 있다.

도깨비는 우리나라 민화에 자주 등장하는 한국적 괴물이다. 우선 몸집이 크고 힘이 장사다. 술을 잘 마시고 거나하게 취하면 노래를 부르고 춤도 잘 춘다. 약간 어리석고 건망증도 좀 있다. 낙관적이고 은혜는 꼭 갚지만 배신을 당하면 철저히 복수한다. 그러나 뭐니 뭐니 해도 도깨비의 가장 큰 특징은 만능의 '복 방망이'를 가지고 있다는 점이다. 소원을 외우며 뚝딱뚝딱 이 방망이를 두드리면 금이든 은이든 소원하는 보물이 와르르 쏟아져 나오고 김이 모락모락 나는 밥상도 나온다. 비단 옷도 나오고 고래등 같은 대궐도 생긴다.

이 만능의 복 방망이야말로 도깨비의 무쇠 방망이를 상징한 것이다. 그들이 땀 흘려 만든 무쇠는 금은보화는 물론 부유한 생활을 낳았고 부강한 나라를 이룩했다. 그중 한 나라가 우리 고대 국가 배달국倍達國이다.

일본에도 도깨비는 있다. '오니おに(鬼)'라 불리는 몰골이 사납고 우람한 장사다. 얼굴은 물론 몸까지 온통 빨간 오니가 있는가 하면 파란 오니도 있다. 벌거숭이로 지내는데 호랑이 가죽 샅바로 살짝 앞가림만 한다. 이들 역시 고대 제철소에서 일하던 두두리를 상징하는 것이다. '오니'란 '큰 이(큰 사람)'라는 뜻의 우리말 '언니'가 일본말로 바뀐 것이다. 도깨비의 옛말 돈가비와 마찬가지로 고개를 들어 쳐다볼 만큼 '큰 사람'이라는 데서 나온 말이다. 빨간 오니와 파란 오니 두 종류가 있는

고대 제철의 고장이던 일본 아이치켄愛
知縣 시가라키군信樂郡 일대에서는 매
년 11월에 오니와 사람이 함께 어울려
춤추는 '꽃제花祭'가 열린다. 꽃제에
쓰이는 각종 오니 탈.

것은 제철 작업장의 빨갛고 파란 불길을 의미한다. 호랑이 가죽 샅바로
앞을 가리고 있는 것은 이 가죽이 불에 강해 잘 타지 않기 때문이라고
한다.

일본에는 호랑이가 서식하지 않는다. 그럼에도 불구하고 일본 오니들
이 호랑이 가죽 샅바를 둘렀던 것은 그들이 한국에서 건너간 제철 기술
자였기 때문이라 한다. 고대의 우리 두두리들은 실제로 불에 강한 호랑
이 가죽을 허리에 두르고 작업했는지도 모른다.

오니의 휴대품으로 빠트릴 수 없는 것이 무쇠 방망이다. 그들이 두두
리였다는 사실을 증명하는 도구일 것이다.

일본은 축제의 나라다. 그중 오니가 등장하는 축제는 예외 없이 고대
제철과 관련된 민속행사다. 제철 관련 축제는 추수가 완전히 끝나는 음
력 11월에서 농사일이 시작되기 전인 이듬해 정월에 걸쳐 베풀어진다.
고대의 권력자들은 농민에게 빌려주었던 무쇠 농기구를 가을걷이가 끝
나는 즉시 몽땅 거두어 새것으로 만들거나 수선하여 새봄에 다시 나누
어주곤 했다. 제철제가 음력 11월과 정월 사이에 열리는 것은 이 때문이

다. 헌 농기구를 거두어들일 때와 새 기구로 만들어 나누어 줄 때 무쇠 감사제가 열렸고 그 풍습이 오늘날까지 축제로 전해지는 것이다.

문화를 발생시킨 쪽인 우리나라에서는 이미 자취도 없이 사라진 민속 문화가 전해 받은 쪽인 일본에는 여지껏 생생히 살아남아 우리 옛것을 찾는데 도움을 준다.

우리말에서 간 일본어

우리말 '섣달' 과 일본어 '시하스しはす'

일본에서는 12월을 '시하스しはす'라 부른다. '섣달'의 일본 명칭이다. 한 해를 마무리하느라 점잖은 스승들까지도 분주히 달음박질을 하는 때라는 의미로 '시하스師走'라 한다는 해석도 있다. 그러나 '시하스'는 무쇠를 부순다는 뜻의 우리 옛말 '시 바수'가 제철 기술과 함께 일본에 건너가 생긴 낱말이다. 정부나 지주地主들이 농민이 쓰던 무쇠 농기구를 거두어들여 부수고 새 농기구로 만들어내는 시기가 음력 12월이었기 때문에 이같이 불린 것이다.

옛날 이야기에 등장하는 무쇠 ⋮

무쇠 민화

우리나라 민화民話 속의 무쇠 이야기는 아주 흥미롭다. 무쇠의 사회적 역할과 무쇠를 관장하는 이가 지켜야 할 본분을 준엄하게 일러주고 있기 때문이다. 「불가사리」라는 민화를 먼저 살펴보자.

고려의 수도 송도松都 왕궁 뒤에 마음씨 고운 홀어머니가 살고 있었다. 하루는 이상한 모양새의 벌레가 방 안으로 기어 들어왔다. 처음 보는 벌레였다. 목숨 있는 것은 모두 귀하다고 생각하는 홀어머니는 이상한 벌레가 방

안으로 들어와도 죽이는 일이 없었다. 홀어머니는 이슬이 맺힌 깨끗한 풀 잎을 벌레에게 주었다. 그러나 벌레는 풀잎의 이슬을 마시려 하지 않았다. 과일을 주었으나 역시 먹으려 하지 않았다.

어느 날 홀어머니가 바느질을 하다 방바닥에 바늘을 떨어뜨렸는데 이상 한 그 벌레가 얼른 기어나와 바늘을 집어 삼켰다. 깜짝 놀란 홀어머니는 방 바닥에 바늘을 한 개 더 놓아 봤더니 이상한 벌레가 그것도 얼른 삼켜버렸 다. 홀어머니는 재미있어서 바늘보다 더 큰 쇠사발이나 쇠숟가락을 주었더 니 그것도 냉큼냉큼 집어 삼켰다. 그러자 작은 짐승만큼이나 몸뚱이가 커 졌고 창고에 있는 호미, 괭이, 낫까지 먹어댔다. 집안의 문고리, 솥, 칼 등 쇠붙이라는 쇠붙이는 몽땅 먹어치웠다.

그 이상한 벌레는 마침내 머리는 호랑이, 몸통은 곰, 꼬리는 사자 같은 짐승이 되어 동네 안을 마구 돌아다니면서 쇠붙이를 싹쓸이했다. 까무라치 게 놀란 송도 사람들은 이상한 짐승이 나다니지 못하도록 굵은 밧줄로 묶 어두었지만 밧줄은 실오라기처럼 끊어졌다. 칼을 잘 쓰는 이가 짐승의 목 을 베려 했지만 칼이 부러졌고 창으로 찔러도 엿가락처럼 휘어지기만 했 다. 대장장이가 불 속에 몰아넣었지만 이상한 짐승은 죽지 않았다. 오히려 불 속에서 부스스 일어나 나오더니 불똥을 뿌리며 다니는 바람에 송도에는 큰 불이 났다.

이때 한 스님이 나타나 짐승을 보고 말했다.

"너는 불가사리가 아니냐?"

이상한 짐승은 그 소리를 듣더니 얌전해졌다. 스님이 지팡이로 짐승의 머리를 세 번 치고 소리쳤다.

"그만 죽어라!"

그러자 그 짐승은 지금까지 먹은 쇠붙이를 몽땅 토한 다음 자취도 없이 사라졌고 스님도 사라졌다. 이때부터 불가사리란 말이 생겼고 무엇이든지 닥치는 대로 먹어치우는 사람을 불가사리라 하게 되었다.

애초부터 무쇠에는 두 가지 기능이 있었다. 농기구로서의 생산 기능과 무기로서의 살상 기능이다. 인간은 숙명적으로 이 두 날의 칼과 같은 무쇠의 기능을 함께 가꾸며 살아왔다. 민화「불가사리」는 무쇠가 지니는 무기로서의 살상 기능을 단적으로 표현한 문명 비판적인 이야기다. 이 민화는 농사를 짓는 데 필요한 농기구와 사냥이나 낚시를 위해 필요한 수렵 도구, 집을 짓거나 살아나가는데 필요한 물건을 만드는 공구들까지도 사용하는 사람에 따라서 모두 인간을 해치는 무기가 될 수 있다는 사실을 일러준다.

무쇠는 인간에게 복을 주는 기적의 복 방망이었다. 그러나 그 복은 인간에게 절도節度를 요구한다. 그럼 이번에는 「이상한 냄비」라는 민화를 보자.

무쇠로 만든 각종 도구. 무쇠는 공예 도구뿐만 아니라 무기로도 널리 쓰였다. 온양민속박물관 소장.

옛날 가난한 선비가 있어 종일토록 글만 읽고 살았다. 아내는 밭에 나가 종일토록 농사를 지었다.

하루는 아내가 마당에 보리쌀을 널어놓고 밭일을 나갔는데 갑작스레 비가 쏟아지기 시작했다. 얼른 보리쌀을 거둬들여야 했지만 고개도 한번 까딱하지 않고 종일 글만 읽는 선비가 그 일을 해줄 리 없었다. 아내가 집으로 달려가보니 아니나다를까 마당에 널어 놓은 보리쌀이 몽땅 비에 쓸려간 다음이었다. 아내는 신세 타령을 하며 선비에게 푸념했다.

"난 이런 살림을 더 이상 끌고갈 수 없으니 이젠 당신이 어디 가서 돈을 벌어 와요!"

선비는 등을 떠밀리다시피 하여 집을 나섰으나 갑작스레 돈을 버는 길은 없었다.

길을 가다 보니 연못이 하나 있었다. 연못을 지나며 보니 마른 논바닥에 올챙이들이 꼬물대고 있었다. 얼마 안 있어 올챙이들은 마른 논바닥에서 말라 죽을 것 같았다. 선비는 올챙이들을 두 손에 받아 다시 연못까지 가서 놓아 주었다.

선비는 또 길을 갔다. 이 마을 저 마을 찾아보았지만 선비가 할 만한 일거리라고는 없었다. 몇 달을 남의 집 찬밥을 얻어먹고 다니던 선비는 집으로 돌아가는 수밖에 없다고 생각했다. 집으로 가는 길에 전번의 연못 가에 앉아 쉬는데 수많은 개구리들이 조그만 무쇠 냄비를 밀고 오는 것이 보였다. 개구리 떼는 선비 앞에 냄비를 갖다 놓고 연못으로 사라졌다.

"내가 전에 논바닥에서 구해준 올챙이들이 자라 개구리가 된 게로군."

선비는 그 무쇠 냄비를 들고 집으로 돌아왔다. 선비가 무쇠 냄비라도 들고 돌아온 것을 보자 아내는 반가워했다. 그러나 그 냄비로 남편에게 밥을

214

지어주자니 보리쌀 한 톨밖에는 없었다. 선비가 그 보리쌀 한 톨이라도 무쇠 냄비에 넣고 밥을 지어 보라고 했다.

남편 말대로 밥을 지어 보고 아내는 놀랐다. 냄비 가득히 보리밥이 지어져 있었기 때문이다. 이튿날 아내가 장난삼아 엽전 한 닢을 냄비에 넣고 끓였더니 이게 웬일인가. 냄비 가득 엽전이 들어차 있는 것이 아닌가. 이제 선비는 살림 걱정 없이 글만 읽을 수 있게 되었다.

몇 해 뒤 선비는 과거를 보러 갔다. 그런데 이상한 일이 일어났다. 남편이 서울로 과거를 보러 간 사이에 아내는 또 엽전을 냄비에 넣어 끓였는데 그만 냄비가 불에 녹아 버린 것이다. 바로 선비가 과거에 급제한 날 일어난 일이었다.

무쇠는 인간에게 복을 가져다 준다. 그러나 필요 이상으로 무쇠가 주는 복에 기대서는 안된다는 것을 이 민화는 일러준다. 무쇠의 본질을 저버릴 때 인간은 무쇠로부터 '복' 아닌 '복수'를 받게 된다.

우리나라에서 제철 문화를 전수받은 일본 민화에도 무쇠는 자주 등장한다. 일본 민화에서는 무쇠가 주로 제철신製鐵神의 형태로 나타나는데, 그가 제철에 관여한다는 직접적인 묘사는 없다. 다만 악자惡者와 선자善者의 양면성이 함께 있는 초능력자로 등장하여 서민을 괴롭히기도 하지만 서민에게 엄청난 복을 안겨주는 특별한 존재로 그려진다. 농사에 풍년을 가져다주고 비단, 실 등의 온갖 보물도 한없이 안겨주며 사냥거리도 준다. 죽은 다음에는 자기 몸을 금속이나 보물 또는 신령한 약으로 바꿔 인간에게 선물하기도 한다. 주로 나이 많은 여자의 모습이다.

'야마우바やまうば(山姆)' 또는 '야마하하やまはは(山母)'라 불리는 민화의 여자 주인공도 그중 하나다. 일본 전통 가면극 '노오가쿠能樂'의 주제가 되기도 하고 애니메이션 여주인공으로 등장하기도 한다. 젊은 미녀 야마우바를 묘사하여 수년 전 크게 히트한 일본 애니메이션『모노노케 히메もののけ姫』는 그녀를 제철 집단 여두목으로 설정하였는데 이는 야마우바의 본질을 처음 밝힌 작품으로 주목을 끌었다. '야마우바'는 '산 유모乳母', '야마하하'는 '산 어머니'라는 뜻으로 산에 살며 많은 아이를 키우는 유모나 어머니를 상징한다. '지모신地母神'적인 성격을 지닌 존재이기도 하다.

야마우바 이야기는 고대 제철터가 있던 이즈모いづも(出雲)지방, 즉 오늘날의 시마네しまね(島根)현과 이웃의 톳토리鳥取현, 고대에 '기비きび(吉備)'라 불린 무쇠 고장 오카야마おかやま(岡山)현, 지금도 철광석 덩이를 산길 등에서 주울 수 있다는 일본 북부 지방 이와테いわて(岩手)현 등에서 전해지는 민화다.

'기비吉備'는 '긴 칼'이란 뜻을 지닌 신라 계통의 옛말이다. '기'는 '길다란'을 뜻하고 '비'는 '베다'의 경상도 사투리 '비다'의 명사형으로 '베는 일'과 '긴 칼'을 가리킨 고어였다. 이 칼의 고장 오카야마에 전해지고 있는 야마우바 이야기를 소개한다.

> 옛날 한 마부(마바리꾼)가 설날이 얼마 안 남았을 무렵 산골 동네 사람들의 부탁을 받고 방어를 사서 말등에 잔뜩 싣고 동네로 돌아가는 길에 '야만바(야마우바의 약칭)'를 만났다.
>
> "방어를 한 마리 다오."
>
> 야만바가 소리쳤다.

일년에 한 번 신라식 고대 제철법으로 무쇠를 불리고 있는 일본 시마네현 요코타 작업장에서 갓 구워진 강철덩이. 이것이 바로 '야마우바의 시체'다.

"남에게 부탁받아 가져가는 생선이니 줄 수 없네."

마부는 거절했으나 야만바는 따라오며 졸랐다.

"방어를 주지 않으면 대신 너라도 잡아 먹어야겠다!"

마부는 할 수 없이 방어 한 마리를 꺼내 주었다. 그러나 야만바는 계속 따라오며 방어를 몽땅 먹어치워 버렸다. 그리고는 말까지 달라고 했다.

"말을 달라니!"

마부가 펄쩍 뛰자 야만바는 소리질렀다.

"말을 주지 않으면 너를 잡아먹을 거다!"

마부가 할 수 없이 말을 주었더니 말도 순식간에 먹어치우고 "이번엔 네 차례다!"하며 마부를 잡아먹으려 했다.

마부는 걸음아 날 살려라 하며 도망치다 산중의 낡은 집에 들어가 얼른 숨었다. 그러나 그 집은 바로 야만바의 집이었다. 잠시 후에 야만바가 돌아와 말했다.

"마부는 놓쳤지만 오늘은 방어에다 말까지 먹어치웠더니 배가 부르네. 아이고 졸립다."

야만바는 큰 무쇠가마에 들어가 곧 잠들어 버렸다. 야만바는 가마나 나무통이나 궤 같은 데 들어가 자는 버릇이 있었다.

이때 짚단 속에 숨어 있던 마부는 얼른 나와서 가마솥 뚜껑 위에 무거운 돌을 잔뜩 올리고 아궁이에 불을 때기 시작했다.

"가마솥이 왜 이렇게 뜨거워지나. 아니 솥뚜껑도 안 열리고……."

야만바는 솥 안에서 소리치다 드디어 타 죽고 말았다.

마부는 솥 안에서 까만 가루가 된 야만바를 꺼내 봉지에 담아 약으로 팔았다. 그 약은 천연두의 특효약이었다. 때마침 천연두가 유행하여 약이 날개 돋치듯 팔리고 마부는 벼락부자가 되었다.

줄거리는 같지만 마부 대신 소몰이꾼(짐바리)이 등장하는 야마우바 민화도 적지 않다. '소'는 '무쇠'를 가리키는 낱말이기도 해서 무쇠의 대명사처럼 쓰이기도 했다. 따라서 소몰이꾼은 제철 기술자를 암시한 것이다.

야마우바가 솥 안에서 타죽는다는 설정은 사철을 숯불로 불려 선철이나 강철을 만드는 제철 과정을 상징한 것이다. 무쇠를 만드는 데는 엄청난 양의 숯(반쯤 구운 생목탄)이 필요하다. 3톤의 강철을 만드는 데 12톤이라는 엄청난 양의 목탄이 쓰이는 것이다. 고로에 불을 붙여 만 70시간을 밤새워 때며 30분 간격으로 계속 목탄을 넣어야 한다.

먹어도 먹어도 자꾸만 먹을 것을 달라고 야마우바가 성화하는 것은 제철 과정에서 엄청난 양의 목탄이 필요하다는 사실을 암시한다.

야마우바의 시체는 갖은 보물로 둔갑하는데 '시체'는 70시간 동안 구워 완성한 무쇠 덩어리를 암시한다.

고대 일본에서는 이러한 무쇠 덩어리를 '케라けら(鉧)'라고 한다. 농기구나 각종 생활 공구, 무기를 만들게 될 보물 덩어리가 바로 '케라'라 불리는 무쇠덩이다. 야마우바가 죽어서 보물로 둔갑한다는 것은 이를 의미하는 것이다.

물과 불이 어우러진 고된 노동으로 이루어지는 고대 제철은 서민의 고역 위에 피어나는 눈물겨운 부富의 열매였다. 야마우바 민화에는 그 고역의 과정이 역력히 묘사되어 있다.

한국 제철 집단의 일본 진출 표시인 '소민장래'라는 글귀는 요즘도 일본인들이 질병과 재난을 예방하는 부적으로 여긴다.

일본의 옛 제철 고장에는 「소민장래蘇民將來」라는 민화도 전해진다. 한 나그네가 두 형제에게 각각 하룻밤 묵어가기를 청했는데 돈 많은 동생은 거절했으나 가난한 형은 쾌히 승낙하고 자기 집으로 정중히 모셨다. 나그네는 '스사노오'라는 자신의 이름을 밝히며 앞으로 역병이 돌 때 '소민장래蘇民將來'라는 글귀를 문 앞에 붙이거나 글귀를 적은 부적을 들고 다니면 병에 걸리지 않을 것이라고 하고는 사라진다. 그 후 형의 집안 식구들은 두루 질병과 재난을 모면할 수 있었다는 이야기다.

'소민'이란 '무쇠 백성', 즉 '제철 민족'을 뜻하고 '장래'는 해외에서 전해진 것을 뜻한다. 따라서 소민장래란 바다를 건너온 제철족, 즉 한민족을 가리킨다. '스사노오'는 고구려 시조 동명성왕의 아들로 여겨지는 인물로 제철 집단의 지도자이다. 이 일본 민화는 한국의 제철 기술 집단을 후하게 대접하면 반드시 복을 받는다는 것을 뜻한다.

우리말에서 간 일본어

우리말 '가마'와 일본어 '가마かま'

냄비를 뜻하는 우리 옛말은 '남비'다. 이 말이 일본에 가서 같은 뜻의 일본어 '나베なべ'가 되었다.

크고 오목한 솥을 우리말로 '가마솥'이라 한다. '가마굴'은 가마 아궁이의 뜻이다. 이 '가마'라는 우리말도 일본에 건너가 같은 뜻의 일본어 '가마かま'가 되었다.

… 권력자들이 사랑한 꽃 …

벚꽃과 사쿠라

활짝 피었을 때의 벚꽃처럼 화사한 꽃은 없다. 희끄무레한 그 연분홍 꽃가지 아래 서면 언뜻 축제 분위기에 물들게 된다.

벚나무는 한국 원산의 꽃나무다. 산에 자라는 개벚나무도 한국 원산이요, 탐스러운 왕벚나무는 제주도 원산이다. 잎보다 꽃이 늦게 피는 섬벚나무는 울릉도 특산이고 실버들처럼 꽃가지가 늘어지는 올벚나무는 장산곶·위봉산·지리산·보길도·제주도에 자생한다. 꽃과 잎이 동시에 나는 산벚나무는 한국·일본 원산이다. 일본이 그들의 ‘나라꽃’으로 정하며 전국 각지에 두루 심어온 탓으로 벚나무 하면 곧 일본 원산의 나무처럼 여겨져 왔으나 실은 한국 원산의 꽃나무라 해야 옳다.

벚꽃의 일본말은 '사쿠라さくら(櫻)'다. 이 낱말 또한 우리 옛말이라는 사실을 아는 이는 드물다. '사쿠라'의 '사'는 무쇠를 가리킨 신라 계통의 우리 옛말이고 '쿠라'는 굴窟의 고대어 '구라'에서 나온 일본말이다. 산기슭의 굴은 고대에 요긴하게 쓰인 천연의 창고였다. 굴의 고대어 '구라'가 창고를 뜻하는 일본말 '구라くら(倉)'로 변한 까닭이 여기 있다. 요컨대 '사쿠라'는 무쇠굴, 즉 무쇠 창고를 가리킨 우리 옛말로 제철의 원자재인 사철이나 반제품인 덩이쇠 등을 수납한 창고였을 것이다.

벚나무는 습한 산 속이나 강변에 잘 자란다. 촉촉한 땅을 선호하기 때문이다. 산중의 개울가나 들판 강변에는 흔히 사철이 몰린다. 고대 제철의 원자재가 몰리는 곳에 무성하게 자란 벚나무가 '무쇠 창고'의 뜻으로 '사구라'라 불리게 된 모양이다.

일본 중부지방 요시노吉野의 벚꽃놀이를 그린 16세기 병풍 요시노화견도吉野花見圖. 교토京部 호소미細見 미술관 소장.

일본 옛 지명 중에 '사쿠라' 라 읽는 한자 '앵櫻' 을 쓴 고장은 영락없이 고대 제철터였다. 이를테면 나라奈良현의 사쿠라이櫻井와 고세五所시의 사쿠라이, 나고야名古屋시의 사쿠라 등이다. 일본식으로 '사쿠라' 라 읽는 '좌창佐倉' 또는 '작량作良' 으로 표기된 지명도 고대 제철터였다.

벚꽃이 만개할 때 일본 사람들은 어김없이 꽃놀이를 한다. 밤 벚꽃놀이도 즐긴다. 이 같은 벚꽃 잔치를 맨 처음 펼친 일본왕은 9세기의 사가嵯峨(재위 809~823)천황이다. '사가' 란 '무쇠 갈기', 즉 제철 및 철기 제조를 의미하는 우리 옛말이다. 사가천황은 그 이름으로 미루어 제철에 힘쓴 왕이었음을 짐작할 수 있다.

무쇠의 원자재나 철기를 수납한 무쇠 창고, 즉 '사쿠라' 는 부와 권력의 상징이었다. 따라서 무쇠 창고와 같은 소리인 벚꽃은 권력자들이 특히 사랑했을 것이다. 사가천황이 처음으로 대대적인 벚꽃 잔치를 베푼 의식의 밑바닥에는 무쇠에 대한 집념이 있을지도 모른다.

505년 백제 무령왕武寧王에 의해 일본에 파견된 왕자의 이름도 '사가斯我' 였다. 우리식 한자 읽음새는 '사아' 지만 일본에서는 '사가' 라 읽는다. 6세기의 백제 제철 기술이 사가왕자가 이끄는 기술 집단에 의해 일본에 전해진 것이다. 당시의 일본은 백제계 정권이 장악하고 있었다. 이 백제왕자 사가의 후손인 타카노니이가사高野新笠(?~789)라는 여인이 고닌光仁(재위 770~781)천황과 결혼하여 칸무桓武(재위 781~806)천황을 낳았다. 사가천황은 이 칸무의 두 번째 왕자다.

일본 조정은 칸무 시대에 교토京都로 천도하여 근대에 들어와 도쿄東京로 옮길 때까지 약 1,000년 동안 수도로 삼았다. '평안경平安京' 이라 불린 이 수도 건설에는 하타씨秦氏라는 신라계 도래인渡來人 재력가가 힘을 쏟았는데, 그 재력의 바탕에는 제철이 있었다. 하타씨는 교토의 카츠라천桂川과 오무로천御室川 사이의 삼각주 지대에 살았다. 삼각주는 사철이 몰리는 '초사홀달 지대' 다. 그는 또한 '우즈마사太秦' 라는 성씨를 천황에게 하사받았는데, '우즈마사' 는 '최고의 무쇠를 얻는다' 는 뜻의 우리 옛말로 그가 제철 재벌이었음을 시사한다. 교토로 천도하는 데에는 막강한 제철 재벌의 뒷받침이 있었던 셈이다.

하타씨는 누에치기와 비단짜기로 재산을 형성한 재력가로 알려졌지만 제철 재벌이었다는 기록은 어디에도 없다. 이와 같이 다른 산업에 관한 기록은 남아 있어도 제철 관련 기록은 깡그리 없는 것이 한·일 고대 사료의 두드러진 특징이다. 무쇠에 관해서는 철저히 국가 기밀로 삼았던 까닭이다.

교토 일대에는 하타씨가 세운 절이나 진자神社가 많다. 백제 금동미륵보살상 모습을 빼닮은 목재 보살상이 있는 광륭사廣隆寺도 그가 건립한 절이다. 제철의 상징인 적송赤松으로 깎은 아름다운 불상이다.

현재 교토의 시화市花는 올벚나무다. 제철로 융성했던 천년고도千年古都 경주와 교토는 지금도 화사한 벚꽃의 도시다.

우리말에서 간 일본어

우리말 '나다' 와 일본어 '나な'

우리말 '나물' 의 일본어는 '나な' 다. 나물의 어원은 (땅에서) 나는 것을 뜻하는 '남' 인데, 이 말이 일본에 가서는 받침이 사라져 '나' 로 바뀐 것이다.

사람의 이름도 (세상에) 나도는 것이라 해서 일본어로 '나' 라 불렀고 생선도 고대 일본어에서는 '나' 라 불렀다. '날 것' 의 '날' 에서 받침이 빠진 것이다.

고구려 고분 벽화는 타임머신이다. 고구려인의 생활 풍습과 시대상 및 의식 세계까지 두루 꼼꼼히 그려져 있어 고대를 바로 엊그제인듯 펼쳐 보여 주는 것이다.

현재 발굴 조사된 벽화무덤의 수는 90여 기로 북한의 평양·안악지역에 72기, 중국 영토가 된 환인·집안지역에도 22기 이상이 있다. 모두 3세기 후반부터 7세기 전반에 걸쳐 축조된 무덤이다. 이 중에서도 평안남도 남포시의 덕흥동 무덤은 소상한 인물 풍속도로 특히 유명하다. 고구려 전성기에 해당되는 408년에 축조된 벽화 고분으로 여기엔 「견우직녀도牽牛織女圖」도 있다. 흥미로운 것은 이 벽화가 보여주는 견우와 직녀의 존재양식이다.

견우와 직녀는 천제天帝의 노여움을 사 1년에 단 하루 칠석七夕날만 만나게 되었다. 그런데 중국 설화는 직녀가 견우를 찾아가는 내용인데 한국과 일본쪽 설화는 견우가 직녀를 찾아간다. 덕흥동 고분 벽화도 중국식이 아닌 '견우 심방식'이다. 벽화에는 직녀의 집에서 하룻밤을 지낸 견우가 소를 끌고 서둘러 떠나가는 장면이 자세히 그려져 있다. 견우의 뒷모습을 바라보며 배웅하는 직녀 바로 뒤쪽에는 검둥개가 꼬리를 치켜들며 지키고 서 있다. 그곳이 직녀가 거처하는 집임을 나타낸 묘사다. 외래문화의 한국화 현상이 잘 나타나 있다. 고구려는 중국과 서역 등지에서 재빨리 문물을 받아들이면서도 자기 체질에 맞추어 발전시켰다. 고구려의 강한 경제력과 그로 인한 자신감이 그것을 가능하게 했다.

고구려 고분 벽화에서 유난히 눈에 띄는 것은 수레 그림이다. 행차하는 귀인이 탄 말수레, 귀부인용의 소가 끄는 수레 외에 사냥터에도 빈 수레 두 대가 그려져 있다. 귀인의 집안을 그린 그림 중 부엌과 푸줏간에 이어져 있는 차고에는 여러 대의 수레가 주차되어 있다.

세계 최초로 수레가 만들어진 것은 기원전 2500년경으로 메소포타미아 우르왕국에 소가 끄는 사륜차가 등장하여 수송 방법에 일대 혁명이 일어났다고 전해진다. 한편 중앙아시아의 유목민족이 기원전 2000년경 말과 수레를 오리엔트에 전함으로써 전차를 이용한 속도전速度戰이 펼쳐지게 되었고 교통수단으로도 말과 수레를 사용하게 되었다 한다.

『삼국사기』에 의하면 고구려의 건국은 기원전 37년이다(북한 사학계에

평안남도 남포시 덕흥동에 있는 5세기 초 고구려 고분인 유주자사幽州刺史 진鎭의 무덤 벽화. 소가 끄는 부인용 수레의 행차 모습이 그려져 있다.

서는 기원전 277년으로 본다). 고구려가 어느 때부터 수레를 사용하게 되었는지 확실치는 않으나 중앙아시아의 유목민족들이 기원전 2000년대에 이미 말과 수레를 병용倂用하고 있었다는 사실로 미루어 건국 초 상당히 빠른 시기에 수레를 부리고 있었을지도 모른다. 고구려 북방 스텝 로드로 전해졌을 가능성이 높다.

춘추시대(기원전 770~403)의 중국 사상가 노자老子도 바퀴에 대해 논하고 있는 것으로 보아 수레의 역사는 매우 오래된 것으로 여겨진다.

서른 개의 바퀴살이 하나의 바퀴통에 함께 끼어진다. 바퀴통에 빈 공간이 있어 비로소 수레는 움직인다. 그러므로 있는 것은 없는 것을 통해 이로움을 얻게 된다.

이것이 노자의 유명한 「무용장無用章」이다. 여러 개의 바퀴살이 하나의 바퀴축軸에 모아지는데, 그 축에는 공간이 있다. 축에 공간이 없으면 바퀴는 돌아가지 않는다. 무에서 유를 낳는 철학을 일러 준 대목이다.

춘추시대 중국에는 이미 제철이 이루어졌다. 노자가 비유로 든 수레가 무쇠로 만들어진 것이었는지 아닌지는 알 수 없으나 이 시기에 뒤이은 전국시대에는 무쇠바퀴 수레가 분명히 존재했을 것으로 추측된다. 공격이든 후퇴든 전쟁은 속도를 생명으로 한다. 속도에 강한 무쇠바퀴 수레는 의당 전쟁과 더불어 탄생했을 것이다.

고구려의 경제력이 무쇠 수레를 보급했고 수레가 또한 고구려 경제력을 드높였다. 기동성이 뛰어난 수레를 활용해 나라를 살찌운 것이다. 뿐만 아니라 강력한 경쟁력을 바탕으로 벌인 전쟁이 영토를 불리는 데 기여했다. 고구려는 무쇠와 소금의 산지인 요동遼東을 장악했고 만주 일대와 한반도 중남부에 이르는 무쇠땅을 널리 차지했다.

고구려 고분에는 수많은 개마기병鎧馬騎兵의 모습도 그려져 있다. 벽화에 등장하는 기병은 얇은 무쇠 패쪽을 연결한 갑옷으로 완전 무장한 모습이고 말은 그보다 약간 더 큰 쇠조각으로 엮은 망토 같은 갑옷을 두르고 있다. 고구려의 타임머신 고분 벽화는 1,500여 년이란 시간을 넘어 무쇠가 낳은 번영의 시대를 역력히 보여준다.

우리말에서 간 일본어

우리말 '구름'과 일본어 '구루마くるま'
우리말 '구르다'의 명사 '구름'이 일본에 가서 차, 수레, 차바퀴 등을 가리키는 일본말 '구루마くるま'가 되었다. 구르는 것이 차바퀴요, 차요, 수레이기 때문이다. 우리말의 받침은 일본에 가면 흔히 또 하나의 소리로 독립한다. 그래서 구름 → 구름아 → 구루마의 형태로 변화한 것이다.

대포와 총의 대결 …

패자뿐인 싸움 임진왜란

임진왜란은 패자敗者뿐인 싸움이었다. 침략당한 우리나라뿐만 아니라 침략한 일본도 처참한 상황을 맞았다. 우리나라는 논밭이 종전의 3분의 1 이하로 줄어 생활이 바닥을 헤맸고 사람이 사람을 먹는 현상까지 빚어졌다. 일본의 경우 30만 명의 출병인원 중 10만 명이 죽거나 다쳐 일손이 없어 농사를 짓지 못하는 혼란 상태에 빠졌다. 전쟁을 일으킨 도요토미 히데요시豊臣秀吉는 중병에 걸려 죽고 정권은 끝내 몰락했다.

우리나라가 입은 문화적 손실도 엄청났다. 경복궁·창덕궁·창경궁 등

왜군이 동래부를 공격하는 모습을 그린 동래부순절도
東萊府殉節圖. 육군박물관 소장.

수많은 건축물과 서적·미술품 등이 불타거나 왜병에게 약탈당했다. 서울 남산에 있던 금속활자 인쇄소의 자모字母도 몽땅 약탈당했을 뿐 아니라 인쇄 기술자까지 납치당했다. 성리학자와 도공陶工, 심지어 '자태가 고운' 여인에 이르기까지 왜병들의 납치는 철저히 계획적으로 이루어졌다. 임진왜란을 통해 일본이 크게 건진 것을 꼽는다면 이 같은 문화·학술 분야에서 약탈해 간 소득이었다. 이후 일본은 도예와 인쇄 문화의 비약적인 발전을 보게 되고, 납치한 학자들에게서 성리학을 배워 새로운 지도 이념을 수립하기에 이른다.

임진왜란은 1592년부터 1598년까지 두 차례에 걸친 일본의 침략전쟁이다. 엄밀히 구분하면 임진년에 일어난 1차 침략을 '임진왜란', 정유년에 일어난 2차 침략을 '정유재란'으로 나누지만 일반적으로 이 두 침략전을 통틀어 '임진왜란'이라 부른다. 7년간의 전쟁으로 조선왕조의 국력이 극도로 쇠진한 것은 사실이나 국력 약화의 조짐은 그보다 훨씬 오래 전부터 있어 왔다. 연산군 이후 정치집단의 세력 싸움이 끊이지 않았고 조선 초기에 설치된 국방체제가 붕괴되어 외침에 제대로 대응하지 못했다. 이이李珥는 일찌감치 '십만 양병설'을 주장했으나 국가 재정이 허약하여 뜻을 이룰 수 없었다.

일본의 저명한 역사소설가 시바 료타로司馬遼太郎는 이 같은 조선왕조의 재정적 빈곤을 '무쇠 부족'에서 빚어진 결과로 보았다. 그의 저서 『사철의 길』을 살펴보자.

> 한국은 고대 일본에 찬란한 문명을 베풀어 준 은인이었으나 언제부터인가 정체를 거듭해 왔다. 한국인은 역사적으로도 매우 우수한 민족이고 수공예 등 기술적으로도 뛰어난 능력을 지니고 있었으나 근세까지 그 능력을 십분 반영할 사회를 이룩하지 못했던 이유의 하나로 '무쇠 부족'을 들 수 있다. 무쇠의 부족으로 인한 철기의 부족이 농업 생산력을 높이지 못했고 농업 생산력이 낮아 상품경제를 성립시키지 못했다. 국가 재정은 허약하고 국가는 정체될 수밖에 없었다.

제철술과 철기 제작술은 일찍이 한국에서 일본으로 전해졌다. 고대 제철의 원료는 주로 사철이었고 사철을 불리는 땔감은 숯이었다. 일본에는 사철도 많고 숯을 만드는 나무도 풍성했다. 그래서 제철 기술은 착실히 뿌리내릴 수 있었다.

그런데 정작 제철 종주국인 우리나라에서 중세 이후 '무쇠 부족'에 허덕이게 된 까닭은 심각한 '땔감 부족'에 있었다. 나무란 나무는 몽땅 베어 한반도의 산은 민둥산이 되다시피 했다. 우리나라의 산야는 건조하여 나무가 쉬 자라지 못하고 우리나라 사람은 나무를 벤 자리에 애써 나무를 심지도 않았다. 기술도 있고 사철도 있으나 땔감인 나무가 없어 제

조선의 무쇠 대포 대완구. 임
진왜란 후인 1845년에 제작
된 것이다. 구경 27.2cm, 길
이 64.4cm, 무게 310kg. 육
군박물관 소장.

철을 할 수 없었던 것이다. 어처구니 없는 업보였다.

한편 일본은 물의 나라, 나무의 나라다. 전국의 강에서 사철이 두루
났고 산야에 나무가 무성했다. 제철 작업은 활발히 이루어졌고 농업과
공업에 수많은 철기가 투여되었다. 이에 15세기 이후 일본의 농업 생산
량은 비약적으로 높아졌다. 덩달아 경제가 흥성하여 저택과 성곽 건축
이 성행했고 각종 상품이 제작되는 가운데 무기도 대량 생산되기에 이
른다.

일본이 총을 갖게 된 것도 이맘때의 일이다. 1543년 풍랑으로 일본에
온 포르투갈 선원에게 총을 전해 받아 독자적으로 만들기에 이른 것이
다. 그로부터 50년 후 '화승총火繩銃'이라 불린 조총鳥銃이 임진왜란에
서 가공할 위력을 떨치기에 이른다. 나라 안에 넘쳐나는 무기가 결국 일
본이 전쟁을 일으킨 한 원인이었다.

우리나라에도 화기火器는 있었다. 특히 '대완구大碗口'라 불린 대포는
한번에 30여 명을 쓰러트렸다는 소문과 함께 왜군을 공포에 떨게 했다.
이순신 장군의 해전海戰을 승리로 이끈 주무기도 거북선의 대포였다. 임

진왜란은 실로 대포와 조총의 대결이었다.

철기는 양날의 검이다. 농·상·공업을 발달시켜 인간 사회를 풍요롭게 하는 한편 가공할 무기로써 인간을 파멸로도 몰아간다. 이 양날의 검에 어떻게 슬기로이 대처할 것인가. 철기시대는 앞으로도 계속 왕성하게 이어질 것이다.

우리말에서 간 일본어

행복을 뜻하는 일본어 '사치さち'

'사'는 무쇠, '치'는 나무자루 등에 '끼우는' 것을 뜻하는 우리 옛말이다. 날카롭게 갈아 다듬은 무쇠를 나무자루에 낀 것, 즉 철기鐵器를 우리말로 '사치' 또는 '사키'라 했다. 고대인은 쇠 화살촉으로 새와 짐승을 잡았고, 무쇠 농기구로 땅을 갈아 농사 소득을 늘려 나갔다. 사치는 고대사회에 있어 풍요를 낳아 주는 부富의 원천, 행복의 원천이었다. 이 '사치'가 '행복'을 뜻하는 일본어가 된 것이다.

무쇠의 슬기

지구 무게의 30%는 무쇠의 무게라 한다. 당장 지구 표면에서 거둘 수 있는 철광석의 양만 해도 무려 2,320억 톤에 달한다는 조사 결과도 있다. 우리나라의 포스코가 포항과 광양 두 곳에서 2008년 한 해 동안 생산한 조강이 3,314만 톤이라는 것과 비교해보면 참으로 엄청난 매장량이라 하겠다. 땅 속 깊은 곳이나 바다 밑 깊은 곳에 있는 무쇠의 양까지 보태면 엄청난 양이 될 것이다. 가히 지구는 온통 무쇠 덩어리, 무쇠의 별이라 할 수 있다.

무쇠는 특별한 원소元素이기도 하다. 지구 내부의 무쇠가 만든 자기장이 우주 방사선을 막아 지구에 생명이 존재할 수 있는 환경을 만들어 주었다는 연구 결과도 있다. 또한 우리 몸 안에도 무쇠, 즉 철분이 없다면 생명을 유지할 수 없다.

인간은 오랜 기간 동안 무쇠를 도구로 활용해 왔다. 특히 무쇠로 만든 농경기구나 사냥도구, 무기 등은 문명을 크게 발전시켜 왔고 증기기관으로 대표되는 근대 산업혁명을 뒷받침한 것도 무쇠였다. 만약 다른 어느 행성에 지구처럼 문명을 가진 생명체가 있다면, 그들 역시 무쇠를 사용하며 살고 있을 것으로 과학자들은 추측한다.

값싸고 풍부한데다가 이용하기도 쉽다는 사실을 생각하면 문명의 견인역牽引役은 앞으로도 무쇠가 맡아야 할 몫으로 여겨진다. 건물, 다리, 선박, 자동차 등은 물론이고 변압기와 모터 등의 산업용품부터 가전제품, 주방용품, 가구 등의 생활용품까지 두루 쓰이는 무쇠. 무쇠의 질質이 크게 진화한다손 치더라도, 구조재로서 무쇠의 미래에는 변함이 없을 것이다.

이외에도 무쇠에는 재생이 가능하다는 커다란 장점이 있다. 현대 제철에도 고철은 유용하게 쓰인다. 제 몸을 녹여 다시 새 철기가 되는 생명력. 무쇠는 이렇게 되풀이하며 쓰이다가 흙으로 깨끗하게 되돌아간다. 인간에게 두루 이바지하며 행복을 나누어 주다가, 결국에는 흔적을 남기지 않고 돌아가는 무쇠의 자세. 부활과 소멸의 그 선열鮮烈한 생리가 무쇠를 더욱 아름답게 한다.

무쇠 도구를 가리킨 우리 옛말 '사치'는 일본으로 건너가 행복을 의미하는 단어가 되었다. 무쇠 도구와 행복이 동의어였던 고대의 언어 개념과 더불어 무쇠의 자세가 새삼 삶의 슬기를 일깨워준다.